“改革开放与新时代”研究丛书

新时代

Fazhi Jianshe
Xin Tiandi

法治建设新天地

王群瑛 著

中国人民大学出版社
· 北京 ·

序　言
从关键词嬗变看中国改革开放 40 年法治建设

改革开放 40 年来的中国法治建设，是一个恢宏而复杂的历史进程，若非借助一些线索或观察角度，实难对该建设过程予以描述和廓清。以下就从基本法律理念、主要法律理论和重要法律领域中撷取一些关键词，探寻其 40 年来的源流演变，以期能够描绘这一伟大历史进程的主要轨迹。

一、“法制”—“法治”

从 1978 年到 1997 年，中国经历了法制的恢复与重建阶段。该阶段中国法治建设所面临的首要任务，就是恢复并重建国家和社会的法制秩序。1978 年 12 月，党的十一届三中全会召开，提出健全社会主义民主、加强社会主义法制的方针。在党的十一届三中全会精神的指引下，中国进行了一系列重大立法工作，虽然成果显著，但整体仍停留在“法制”建设的层面，其目的在于为社会主义建设构建基本的法律框架，尚未及对“法治”

进行详细阐发。

从字面含义上看，“法制”是法律制度的简称，属于制度的范畴。其侧重描述一个国家或地区各项具体的法律制度，从法律规则的层面强调法律体系的完整性，并关注法的规范性和有效性。“法制”一词对中国而言并不陌生，即使在封建社会时期，中国也有着相当成熟的法律制度。自夏商周到明清四千多年，中国古代法律制度的发展脉络很清晰，有因有革，内容丰富，特点鲜明。韩非子甚至提出：“治民无常，唯治为法。”（《韩非子·心度》）但即便如此，中国古代也从未存在过“法治”，因为“法自君出”，皇帝口含天宪，言出法随，这些法律以君主意志为转移，君主始终掌握国家最高立法权，一切法典、法规皆以君主名义颁行，皇帝可修改、废止任何法律。在封建帝王眼中，法律不过是实施专制的手段，国家处于虽有“法制”，但无“法治”的状态。

从理念上说，法治（Rule of Law）最早形成于13世纪的英国。在著名法官柯克与国王查理二世的争论中，柯克提出“法律是国王，王在法下”的论断。现代意义上的“法治”一词是由英国学者戴雪所创，他在1885年出版的《英国宪法导论》一书中多次提到“法治”一词，并对其进行了深刻阐述。按照戴雪的观点，法治包含三层含义：一是对任何人的惩罚必须遵守法定程序；二是任何人平等地受到法律的约束，任何人无权超越法律；三是法律至上。在欧洲其他国家，法治的概念采用了不同的文字表述，如在德国对应的是“Rechtsstaat”一词，在法国对应的是“Etat de droit”一词，两者均译为“法治国”。这些概念与形成于普通法国家的“法治”概念观念相通，都体现了相似的权力约束观。

1997年9月，党的十五大召开，提出要“进一步扩大社会主义民主，健全社会主义法制，依法治国，建设社会主义法治国家”，表明党和国家对法治认识的深化。法治是以民主为基础、以依法治国为核心、以制约权力为关键的一种社会治理机制。法治意味着每个人都受到法律的约束，无论其为立法者、行政官员或法官。近现代以来，法治之所以被普遍采纳为国家及社会治理的主要方式，正是因为这种国家治理方式具有明显的优势，如法治使社会行为规则具有稳定性和可预期性，法治制约公权力而保护人民权利，法治强调程序正义进而保障实质正义之实现，等等。

在中国，法治之所以被采纳，还与中国特殊的历史和国情密切相关。近现代以来，中华民族屡遭外国欺凌和践踏，有识之士救亡图存、上下求索，试图找到适合中国的发展道路。经过长期的探索和实践，中国选择了社会主义道路，并深刻意识到，要想国家长治久安，跳出“其兴也勃焉，其亡也忽焉”的历史周期律，就必须实行民主，让人民来监督政府，让人人起来负责；就不能将国家命运系于一人之手，而应交给由全体人民意志所凝结成的法律。中华人民共和国成立后，中国经历了多次政治运动，国家、社会、经济及人民权利饱受侵扰，人们痛定思痛，对法治的呼声愈发高昂。改革开放后，社会主义市场经济迫切需要法律来维护市场秩序，保证社会经济稳定快速发展。在市场经济中，每位市场主体是各自独立、相互平等的，市场主体间需要建立平等的竞争关系，而只有法治才能创造出这种市场经济运行的环境与背景。由此，法治思想受到广大人民群众的普遍认可。

从单纯强调制度建构的“法制”，到强调通过法律达到善治的“法治”，这是中国法治变迁的第一条线索。

二、“以法治国”—“依法治国”

改革开放以来，中国“以法治国”理念曾经盛行，把法律看作是执政的工具。追溯历史，我们可以看出，我国的“以法治国”思想起源于春秋战国时期的法家思想，《管子·明法》有言：“威不两措，政不二门，以法治国，则举措而已”。“以法治国”中的“以”有“凭借、使用”之意，“以法治国”意味着将法律作为一种工具来使用。在“以法治国”之中，仍然是使用工具的“人”起着决定性作用，法律仅起次要作用。这种“以法治国”思想，与现代法治理念相去甚远。

经过改革开放40年的发展，我国已经从“以法治国”转变为“依法治国”，确立了“依法治国”根本思想。“依法治国”中的“依”有“依照、遵循”之意，“依法治国”要求人们依照法律来治理国家，其体现的是法律至上、依法治理、法律面前人人平等的法治思想，是“法治”理念的正确延伸。可见，“以法治国”与“依法治国”虽仅有一字之差，但在内涵上却有着本质差异。“以法治国”中统治者手握法律，将法律作为工具使用；而“依法治国”则体现法律至上，强调国家的一切权力都来自人民，当权者所执掌的国家权力必须由法律赋予，并强调国家的一切权力必须依照体现人民意愿的法律来行使，只能被用于维护人民的利益。

“依法治国”中的“法”指的是宪法和法律，这些法律体现社会主义民主精神，能够保障公民基本权利，有利于促进社会主义市场经济，从而有利于解放和发展生产力，提高人民生活水平。“依法治国”中的法律体现的是全体公民的意志，其基本功能在于平等地、毫无例外地保护和约束全社会的每一个成员，任何违法行为都要受到追究和制裁。在“依法治国”理念中，人们重视法律自身的相对独立性和自洽性，重视法律对权力的约束和支配；主张法律有自身相对独立的形成、施行和保障系统，讲究法律内容的公正性和效力的普遍性；要求法律在结构形式上有较高的专业分化程度，用不同的部门法调整不同的社会关系；在体系上有独立、公开和程序化运作的立法、执法、司法及相应的监督、制约制度。

1997 年 9 月，党的十五大正式提出依法治国基本方略，并于 1999 年《宪法》修正之时，于第 5 条第 1 款规定：“中华人民共和国实行依法治国，建设社会主义法治国家。”通过国家根本法对依法治国予以规定，使依法治国这一基本方略有了长期性、稳定性的制度基础。

从“以法治国”到“依法治国”，是中国法律摆脱工具理性、走向价值理性的关键一步。

三、“依法行政”—“法治政府”

20 世纪 90 年代，正值改革开放深入推进、社会主义市场经济体制逐步建立的关键时期，为了确保这一时期的平稳发展，中国明确提出要依法行政。2004年，国务院发布《全面推进依法行政实施纲要》，首次提出建设法治政府的目标。党的十八大以后，党中央进一步提出坚持法治国家、法治政府、法治社会一体建设，明确将法治政府作为我国政府下一步发展的目标，并规划了时间表和路线图。可以说，建设法治政府是依法行政进一步深化发展的必然结果。

依法行政是法治政府的起点。政府首先要做到依法行政，即“有法可依，有法必依，执法必严，违法必究”，但依法行政只是要求政府按照法律办事，至于法律是否合理，政府是否滥用权力，依法行政都无法予以保证，因此政府需要进一步发展为法治政府。法治政府最为核心的要素就是将政府的工作全面纳入法治轨道，让政府用法治思维和法治方式履行职责，确保行政权在法治框架内运行。建设法治政府需要坚持两个原则：一是职权法定，二是权责一致。这意味着行政机关行使职权实行授予原则，法无授权不可为。法治政府要求政府依法全面履行职能，政府在履行职能的同时，需要遵守行政程序，通过程序正义来保证实体正义的实现。建设法治政府的最后一环就是接受监督，把权力关进制度的笼子里，这就要求加强对行政权力的制约和监督，建立健全监督体系，让党内监督、人大监督、民主监督、行政监督、司法监督、审计监督、社会监督、舆论监督共同发挥作用。

法治政府的理想状态是“职能科学、权责法定、执法严明、公开公正、廉洁高效、守法诚信”。政府权力的行使要本着公开透明、服务人民的原则，向社会公开权力清单，让人民群众知晓政府的权力边界，明确政府能够干什么、不能干什么，保证人民的知情权和参与权，实现人民对政府权力运行的有效监督，使权力在阳光下运行，真正实现权为民所用、利为民所谋，最大限度地增强人民群众的获得感。

人民为了谋求更好的生活建立了政府这一公权机构，但如何防止政府违背目的，反过来侵犯人民权益？“法治政府”就是答案。

四、“环境保护”—“生态文明”

人与自然之间是什么关系？是人利用、掠夺乃至奴役自然，还是人与自然和谐共生？这是中国经济社会发展必须回答的问题。对这一问题的回答，决定着人类的命运。其答案应当凝结并贯彻于法律之中。

改革开放伊始，中国就提出避免走西方国家“先污染后治理”的老路，并明确提出“环境保护”的政策目标。改革开放40年来，环境立法的速度甚至快于市场经济立法。其中，全国人大常委会制定环境与资源方面的法律30余部，国务院制定的行政法规近300部，行政机关制定的规章1 000余件。但是，在环境立法走上快车道的同时，中国的环境污染和生态破坏趋势并没有得到有效遏制，环境法律、政策的实施效果与立法目标差距仍然较大。究其原因，在于中国早期并未真正将生态理性与绿色发展纳入法治体系，对生态的保护仅停留在制度规则层面，尚未将生态环境保护上升为国家治理的基本价值和基本理念。

近代以来的西方法律思想强调以经济理性为基础形成的个人主义法律价值观，其所确立的所有权绝对原则导致人对自然资源不受限制的利用和掠夺，对生态危机的产生有着不可推卸的责任。因此，要建立符合生态文明要求的法治系统，必须首先拓展法律价值观，将生态理性纳入法治的基本价值。党的十八大报告提出建设“生态文明”，这是法治价值理念的重大飞跃。生态文明是以人与自然、人与人、人与社会和谐共生、良性循环、全面发展、持续繁荣为基本宗旨的社会形态，唯有从一种新的文明形态的高度，才能正确把握人与自然之间的关系，才能处理好关系国家与人民命运的生态环境问题。

在党的十八届五中全会上，习近平总书记明确提出“五大发展”理念，其中就包括“绿色发展”理念。绿色发展是在传统发展基础上的一种模式创新，是建立在生态环境容量和资源承载力的约束条件下，将绿色环保作为实现可持续发展重要支柱的一种新型发展模式。只有将绿色发展作为发展的根本理念予以贯彻，我们才能从根本上解决人与环境之间的矛盾。

贯彻生态文明及绿色发展这些根本理念的法律，不仅限于环境法及公法，还包括民法。2017年制定的《民法总则》第9条规定：“民事主体从事民事活动，应当有利于节约资源、保护生态环境。”此即中国民法上的“绿色原则”。该原则是中国民法典的一个创新，它为民事主体增加了一种新的体制限制，即要求民事主体在从事民事活动时，应时刻注意个体利益与生态利益之间的平衡。绿色原则将对以个人利益为中心的民法产生体系性的影响。

改革开放40年，中国法治发生了沧桑巨变。从“法制”到“法治”，从“以法治国”到“依法治国”，从“依法行政”到“法治政府”，从“环境保护”到“生态文明”，这些嬗变的关键词，如同一串水珠，折射出中国法治发展的灿烂光辉。巨变仍在持续，关键词还将继续嬗变。我们充满期待，也充满自信。

目　录

第一章　改革开放以来中国法治建设的历史进程

经历了“文革”对民主法治的严重摧残之后，党和国家深刻意识到民主法治对国家治理的重要性。以党的十一届三中全会为开端，中国的法治建设再启航，重新迈开了前进的步伐。40年的辛勤耕耘，中国的法治建设无论在理论层面还是在实践层面，均取得了重大进展和辉煌成就。纵观这40年来中国法治建设的历史进程，以1978年党的十一届三中全会的召开、1997年党的十五大“依法治国”方略的提出以及2012年党的十八大的召开为时间节点，可以将其划分为三个阶段，即法治建设的恢复与重建阶段（1978—1997年）、法治建设的发展阶段（1997—2012年）和法治建设的完善阶段（2012年至今）。

一、恢复与重建阶段（1978—1997年）

1978年12月18日，党的十一届三中全会召开。以此为标志，中国法治建设开启新的篇章。

十一届三中全会决议提出：“为了保障人民民主，必须加强社会主义法制，使民主制度化、法律化，使这种制度和法律具有稳定性、连续性和极大的权威，做到有法可依，有法必依，执法必严，违法必究。”“要保证人民在自己的法律面前人人平等，不允许任何人有超于法律之上的特权。”

1978年，以党的十一届三中全会的召开为标志，中国法治建设重新起步。在随后的20年里，伴随着经济体制和政治体制的双重改革，法治建设也逐步推进和完善：社会主义法律制度逐渐得到恢复与重建，在法律制度形成的同时，法律思想也不断被催生，法治精神逐步得到培育，同时还孕育了“依法治国，建设社会主义法治国家”这一治国理政的基本方略。这一阶段主要有两条线索：其一为社会主义民主法制得到全面恢复，其二为依法治国基本方略逐渐形成。两条线索相伴相生、互相影响，构成了这一时期法治建设的主要内容。围绕这两条线索，此阶段还可以细化为两个阶段：法治建设的恢复阶段（1978—1982年）和法治建设的重建阶段（1982—1997年）。

（一）恢复阶段

“文革”结束后，我国法制领域面临的主要任务是全面肃清“反法制思想”和“法律虚无主义”。为此，党的十一届三中全会决议专门对法制问题做出阐述，提出“有法可依，有法必依，执法必严，违法必究”十六字法制建设指导方针。邓小平同志高度重视法制的恢复和建设工作，强调指出，“为了保障人民民主，必须加强法制。必须使民主制度化、法律化，使这种制度和法律不因领导人的改变而改变，不因领导人的看法和注意力的改变而改变”①。从思想上确认了法制建设的重要性。

在实践层面，重新建立法律体系和法制机构是这一时期的两大主要工作。

建立法律体系是社会主义法制建设的基础性工作。在立法方面，邓小

① 邓小平．邓小平文选：第2卷．2版．北京：人民出版社，1994：146．

平同志有具体的阐述，他指出，“现在的问题是法律很不完备，很多法律还没有制定出来”，“应该集中力量制定刑法、民法、诉讼法和其他各种必要的法律，例如工厂法、人民公社法、森林法、草原法、环境保护法、劳动法、外国人投资法等等，经过一定的民主程序讨论通过，并且加强检察机关和司法机关，做到有法可依，有法必依，执法必严，违法必究。国家和企业、企业和企业、企业和个人等等之间的关系，也要用法律的形式来确定；它们之间的矛盾，也有不少要通过法律来解决。现在立法的工作量很大，人力很不够，因此法律条文开始可以粗一点，逐步完善。有的法规地方可以先试搞，然后经过总结提高，制定全国通行的法律。修改补充法律，成熟一条就修改补充一条，不要等待‘成套设备’。总之，有比没有好，快搞比慢搞好。此外，我们还要大力加强对国际法的研究”①。

1979 年起，新中国成立后第二次加速立法工作全面展开。1979 年 2 月，叶剑英委员长提出我国法制建设的 5 点考虑，并指出人大常委会应该加快组织研究拟订或修改我国的刑法、刑事诉讼法、民法、婚姻法和相关经济法规，以促进我国法制的完善。从 1979 年到 1982 年的 3 年时间里，我国就相继通过了一系列法律（见表 1-1）。

表 1-1　　1979—1982 年颁布的法律

颁布年份	法律名称
1979 年 7 月 1 日	《中华人民共和国刑法》
1979 年 7 月 1 日	《中华人民共和国刑事诉讼法》
1979 年 7 月 1 日	《中华人民共和国人民检察院组织法》
1979 年 7 月 1 日	《中华人民共和国人民法院组织法》
1979 年 7 月 1 日	《中华人民共和国中外合资经营企业法》
1979 年 7 月 4 日	《中华人民共和国全国人民代表大会和地方各级人民代表大会选举法》
1980 年 9 月 10 日	《中华人民共和国婚姻法》
1980 年 9 月 10 日	《中华人民共和国个人所得税法》

① 邓小平. 邓小平文选：第 2 卷. 2 版. 北京：人民出版社，1994：146，146-147.

续前表

颁布年份	法律名称
1981 年 12 月 13 日	《中华人民共和国经济合同法》
1982 年 8 月 23 日	《中华人民共和国商标法》
1982 年 11 月 19 日	《中华人民共和国文物保护法》
1982 年 12 月 4 日	《中华人民共和国宪法》

1982 年 12 月 4 日颁布的《中华人民共和国宪法》（简称“八二宪法”），标志着中国社会主义法制建设的全面恢复，法制建设迎来了高潮。八二宪法规定了公民的基本权利，重建了国家机构，继承了五四宪法的基本原则，并根据改革开放和新时期社会主义建设的需要，做了许多重要改革和发展。八二宪法在新中国法治史上具有重要的里程碑意义，对新时期法治建设起到了极大的推动和保障作用。

在法律执行和司法实践层面，1979 年 9 月，中共中央发出《关于坚决保证刑法、刑事诉讼法切实实施的指示》（以下简称《刑法实施指示》），指出刑法和刑事诉讼法的颁布，对加强社会主义法制具有特别重要的意义。它们能否严格执行，是衡量中国是否实行社会主义法制的重要标志。《刑法实施指示》批评了过去长期存在的轻视法制、有了政策就不要法律、以言代法、以权压法等现象，对党委如何领导司法工作提出了以下明确要求：（1）严格按照刑法和刑事诉讼法办事，坚决改变和纠正一切违反刑法、刑事诉讼法的错误思想和做法。各级党委领导人都不得把个人意见当作法律，强令别人执行。（2）加强党对司法工作的领导，主要是方针政策的领导。加强党的领导，最重要的一条，就是切实保证人民检察院独立行使检察权，人民法院独立行使审判权，使之不受其他行政机关、团体和个人的干涉。（3）迅速健全各级司法机构，努力建设一支坚强的司法工作队伍。（4）广泛、深入地宣传法律，为正式实施刑法和刑事诉讼法做好准备。（5）党的各级组织、领导干部和全体党员，都要带头遵守法律。必须坚持法律面前人人平等的原则，绝不允许有不受法律约束的特殊公民，绝不允许有凌驾于法律之上的特权。取消各级党委审批案件的制度。这一文件被认为是中国社会主义法制建设新阶段的重要标志。

重新建立法制机构。1979 年 9 月 9 日，中共中央发出批示，强调“加强中国共产党对司法工作的领导，切实保证司法机关行使宪法和法律规定的职权。党对司法工作的领导，主要是方针政策的领导”，同时指出要“迅速健全各级司法机构，努力建设一支坚强的司法工作队伍”①。1979 年第五届全国人大第十二次会议和 1983 年第六届全国人大常委会第二次会议先后对《人民法院组织法》进行了若干补充和修改，人民法院组织得以恢复和健全。1978 年 3 月第五届全国人大第一次会议通过的《中华人民共和国宪法》第 43 条规定重新设立人民检察院，同年 6 月 1 日最高人民检察院正式办公。1979 年 6 月 15 日中共中央政法小组向中共中央报送《关于恢复司法部机构的建议》，1979 年 9 月 13 日第五届全国人大常委会第十一次会议决定重建司法部。司法部组建后，地方各级司法厅（局）也陆续组建起来，司法行政工作得以恢复。1979 年 7 月颁布的《刑事诉讼法》和《人民法院组织法》明确规定被告人可以委托律师辩护。此后，各地相继恢复律师组织，开展律师业务，并陆续成立律师协会。1980 年 8 月，第五届全国人大常委会第十五次会议讨论通过了《律师暂行条例》②。

1980 年 1 月，中央恢复成立中央政法委员会。

1982 年 7 月，中国法学会重新成立。被“文化大革命”破坏的法学研究机构、法学教育机构迅速得到重建并有所发展。《法学研究》《民主与法制》《中国法制报》等法学主要期刊报纸也在这一时期恢复或创刊。

1983 年 6 月，国务院提请第六届全国人大第一次会议批准成立国家安全部，以加强对国家安全工作的领导。7 月 1 日，国家安全部召开成立大会，国家安全部由原中共中央调查部（整体）、公安部政治保卫局以及中共中央统战部部分单位、国防科工委部分单位合并而成③。

法制建设重新起步的另一个重要标志，是对林彪、江青两个反革命集团的历史审判。1980 年 11 月 20 日，最高人民法院特别法庭对两个反革命集团的主犯进行公开审判。两案审判对中国法制建设具有重大意义，表明中国从此走上依法办事的法治之路，以事实向全国人民表明，任何人不管

---

① 《当代中国》编辑部．当代中国的审判工作．北京：当代中国出版社，1993：155.

② 韩延龙．中华人民共和国法制通史：下．北京：中共中央党校出版社，1998：794-795.

③ 李林．中国：在新起点上全面推进依法治国．北京：中国社会科学出版社，2015：11.

地位多高、权力多大，只要触犯法律，都将毫无例外地受到法律的制裁。它还表明，在我国，“法律面前人人平等”已不再是一句口号。

（二）重建阶段

从八二宪法的颁布实施到1997年党的十五大召开提出“依法治国，建设社会主义法治国家”，我国的法律秩序已经具备雏形，社会生活、经济生活的基本方面都已经能够被法律所规范，自然人、法人组织等社会主体的权利义务基本得到明确，法制所要求的依法办事、守法的认知已逐渐被社会所接受①。随着社会主义法制的不断健全，从“法制”到“法治”的变迁也逐步酝酿形成。

法律体系进一步健全。立法工作开始从注重数量向注重立法体系化的方向发展，立法的体系性和逻辑性获得进一步的重视。在法律体系的完善方面，先后制定、修改了一大批法律，如制定了《民族区域自治法》《居民委员会组织法》等；1988年、1993年相继修订《宪法》，将“私营经济”“市场经济”写进宪法。在民商事法律层面，无论是立法层次、立法内容还是立法水平都取得了长足的进步，颁行了一大批法律法规，最为典型的是《民法通则》颁行，它给我国民事法律关系和纠纷提供了原则性的法律规范。在诉讼法领域，颁行了《行政诉讼法》，使“民告官”有了法律依据。在这10年中，我国经济法从无到有，制定了一大批经济法律法规，社会法也渐趋成型。这一阶段，中国特色社会主义法律体系的构成部分——各部门法逐渐形成。

依法行政得到贯彻和加强。基于建设有限政府的共识，行政法律制度及体系建设得到加强。行政执法、行政监督以及行政救济等方面的规范均在这个时期取得了重大进展，如通过《行政处罚法》规范了行政执法权，通过《国家监察法》加强了行政监督，通过《行政诉讼法》完善了行政申诉救济途径，通过《国家赔偿法》实现了国家赔偿的制度化等②。

司法改革逐步启动。这一阶段的司法改革主要集中在审判制度改革、

① 亓光. 新中国法治建设历程. 北京：世界知识出版社，2011：55.

② 舒杨. 中国法学30年. 广州：中山大学出版社，2009：184-193.

检察制度改革，以及仲裁、律师、法律援助制度的建立完善等方面。这一系列举措充分适应了当时的经济社会发展状况，同时也为后续司法改革纲要的制定奠定了基础。

法律职业共同体建设雏形显现。为了实现法律职业化发展并与国际接轨，相继制定了《法官法》《检察官法》《律师法》等，对于司法人员的任职条件、权利义务、待遇保障、管理方式等方面均做出了详细的规定，为法律职业共同体建设积累了经验。

法治人才培养逐步恢复。法学教育规模迅速扩大，中国政法大学等一大批法律院校相继复校或设立法学专业，法学毕业生日渐增长；法学教育层次渐趋齐全，结构日益完善；法学学科学位制度从无到有，成效显著。为中国特色社会主义法制体系的建设培养了一大批优秀的法官、检察官、法学科研人员以及律师等。

全民普法教育运动持续开展。法制建设的重要内容之一就是全民普法教育。从 1985 年起，每五年一个周期的全民普法事业不间断地开展，使法治意识深入人心，人民法律意识显著增强，为法治社会的形成和建设奠定了思想基础。

1978 年到 1997 年，既是全面恢复法制的 20 年，又是法治萌芽的 20 年；既是彻底反思和不断摸索社会主义法治建设的 20 年，又是积极探索和勇于开创依法治国新理念的 20 年；既是社会主义法制重新焕发生机的 20 年，又是法治建设不断推动社会主义政治文明建设的 20 年①。正是这 20 年的艰苦努力和不懈求索，社会主义法治建设才能逐渐发展，中国特色社会主义法治道路才得以开辟，中国特色社会主义法治理论才得以形成。

二、发展阶段（1997—2012 年）

1997 年 9 月，党的十五大召开。十五大报告提出，要“进一步扩

① 亓光. 新中国法治建设历程. 北京：世界知识出版社，2011：41.

大社会主义民主，健全社会主义法制，依法治国，建设社会主义法治国家”。——“依法治国”成为党和国家治国理政的基本方略。

1999 年 3 月，第九届全国人大第二次会议上，《宪法修正案》获得通过。宪法第五条增加一款，作为第一款，规定：“中华人民共和国实行依法治国，建设社会主义法治国家。”——“依法治国”有了宪法保障。

党的十五大提出“依法治国，建设社会主义法治国家”，标志着社会主义法治建设正式成为我国现代化建设和政治文明建设的重要组成部分，依法治国也由此成为党和国家治国理政的基本方略。1999 年，“依法治国”被写进宪法。2002 年，党的十六大提出全面落实依法治国基本方略。2007 年，党的十七大进一步提出要加快建设社会主义法治国家。1997—2012 年这 15 年来，为贯彻落实“依法治国，建设社会主义法治国家”这一治国方略，中国在立法、法治政府建设、司法改革、法治社会、全民守法等方面的工作全面推进，法治建设取得了极大进展。

（一）全面阐述依法治国的内涵

在党的十五大召开之前，“法制”“法治”“依法治国”等概念就已经被提出并进行了反复讨论。1997 年 9 月，在十五大报告中，“社会主义法制国家”变为“社会主义法治国家”。十五大报告在提出“依法治国，建设社会主义法治国家”的同时，还高度概括了依法治国的基本内涵：“依法治国，就是广大人民群众在党的领导下，依照宪法和法律规定，通过各种途径和形式管理国家事务，管理经济文化事业，管理社会事务，保证国家各项工作都依法进行，逐步实现社会主义民主的制度化、法律化，使这种制度和法律不因领导人的改变而改变，不因领导人看法和注意力的改变而改变。依法治国，是党领导人民治理国家的基本方略，是发展社会主义市场经济的客观需要，是社会文明进步的重要标志，是国家长治久安的重要保障。”①

① 江泽民. 高举邓小平理论伟大旗帜，把建设有中国特色社会主义事业全面推向二十一世纪//中共中央文献研究室. 十五大以来重要文献选编：上. 北京：中央文献出版社，2000：27.

（二）提出坚持党的领导、人民当家作主和依法治国有机统一原则

党的领导、人民当家作主和依法治国三者之间是什么关系，是中国法治建设的基本问题。2002 年，党的十六大报告提出："发展社会主义民主政治，最根本的是要把坚持党的领导、人民当家作主和依法治国有机统一起来。党的领导是人民当家做主和依法治国的根本保证，人民当家作主是社会主义民主政治的本质要求，依法治国是党领导人民治理国家的基本方略。"① 同年 12 月，在首都各界纪念宪法公布施行 20 周年大会上，胡锦涛同志强调，发展社会主义民主政治，最根本的是要把坚持党的领导、人民当家作主和依法治国有机统一起来。2004 年 9 月，在首都各界纪念全国人民代表大会成立 50 周年大会上，胡锦涛同志再次强调，要更好地把坚持党的领导、人民当家作主和依法治国统一于社会主义民主政治建设的实践。党的十六大报告提出的"发展社会主义民主政治，最根本的是要把坚持党的领导、人民当家作主和依法治国有机统一起来"的论断，揭示了建设中国特色社会主义民主政治的基本规律，将中国民主政治建设理论提升到了一个新境界。

（三）人权入宪

《宪法》第三十三条第三款："国家尊重和保障人权。"

什么是宪法？宪法就是一张写着人民权利的纸。

——列宁

作为社会全面进步的一个重要指标，人权保障事业也是法治发展的重点。党的十五大报告和十六大报告都提出，国家尊重和保障人权。尊重和保障人权是现代民主政治的一项基本原则。新中国成立后颁布的前四次宪法，都对人民的基本权利及其保障做出了规定，但由于历史的局限性以及

① 江泽民. 全面建设小康社会主义，开创中国特色社会主义事业新局面//中共中央文献研究室. 十六大以来重要文献选编：上. 北京：中央文献出版社，2005：24.

当时国家政治生活和国际政治大环境的影响和限制，我们并未在宪法中使用“人权”的概念。2004年，第十届全国人大第二次会议通过宪法修正案，首次把“国家尊重和保障人权”写入宪法，在宪法第二章“公民的基本权利和义务”中加以规定。自此，“国家尊重和保障人权”由一个政治规范上升为宪法规范，获得了最高的法律效力。此外，此次修宪也将“三个代表”重要思想，以及保障合法私有财产权等重要内容载入宪法。十届全国人大常委会副委员长蒋正华在2004年12月23日北京召开的“人权入宪与人权法制保障”理论研讨会上指出，“国家尊重和保障人权”正式载入国家的根本大法，这是我国发展新阶段法治建设的重要内容之一，既是党的主张，也是人民的意愿①。全国人民代表大会全体会议经过充分讨论，使尊重和保障人权上升为宪法原则，确认为国家的理念和价值，确立了人权原则在中国法律体系和国家发展战略中的突出地位，为中国人权事业的全面发展开辟了广阔的前景。列宁曾指出：“什么是宪法？宪法就是一张写着人民权利的纸。”② 从这个意义上说，人权是宪法的内在精神，同时又是对宪法进行价值评价的重要标准。

（四）社会主义法律体系如期建成

党的十五大第一次提出到2010年形成中国特色社会主义法律体系的历史性任务。十届全国人大及其常委会重申了这一任务，并提出“以基本形成中国特色社会主义法律体系为目标，以提高立法质量为重点”的立法工作思路。2011年3月10日，吴邦国委员长在十一届全国人大四次会议上所做的工作报告中指出，围绕党的十五大提出的这一目标，我们坚持从国情和实际出发，坚持科学立法、民主立法，在提高立法质量的前提下，抓紧制定在法律体系中起支架作用的法律，及时修改与经济社会发展不相适应的法律规定，集中开展法律清理工作，督促有关方面清理行政法规和地方性法规、制定法律配套法规。到2010年年底，涵盖社会关系各个方面的法律部门已经齐全，各法律部门中基本的、主要的法律已经制定，相应的

---

① 蒋正华．“人权入宪”为人权事业开辟更广阔前景．中新网，2004-12-23.

② 列宁．列宁全集：第12卷．2版．北京：人民出版社，1987：50.

行政法规和地方性法规比较完备，法律体系内部总体做到科学统一。他宣布：中国特色社会主义法律体系如期形成。

中国特色社会主义法律体系由宪法相关法、民商法、行政法、经济法、社会法、刑法、诉讼与非诉讼程序法 7 个法律部门构成，包括法律、行政法规、地方性法规、自治条例和单行条例等不同法律规范层次，是一个部门齐全、层次分明、结构协调、体例科学的统一整体。这一体系的形成，是中国特色社会主义法治建设实践的伟大成果，是中国法治建设的一个重要里程碑，同时也为中国特色社会主义法治建设提供了坚实的基础，具有重大的现实意义和深远的历史意义。

（五）法治政府建设取得长足进步

依法行政是依法治国的重要环节，法治政府建设是社会主义法治建设的重要组成部分。自从依法治国基本方略确定以来，中国在依法规范行政行为、推进法治政府建设方面采取了一系列举动，取得了突出成效。

行政立法工作不断加强，法治政府的制度体系基本形成。继《行政处罚法》《行政诉讼法》《国家赔偿法》之后，又相继制定《行政复议法》《行政许可法》等一系列法律法规，健全了行政法律体系。特别是 2004 年 3 月，国务院颁布《全面推进依法行政实施纲要》，提出用 10 年左右的时间基本实现建成法治政府的目标，并规定了 7 项具体的任务和措施，为全面推进依法行政提供了重要的制度保障。

对行政权力运行的监督明显加强。对行政权力的监督和问责力度不断加大，监察、审计等专门监督作用日益明显，监督和问责逐步朝着制度化、常态化、规范化发展。特别是通过行政执法绩效评估和责任追究的强化，规范、文明执法程度不断提高。

此外，还进一步转变了政府职能。一是建立突发事件应急机制，提高了政府应对公共危机的能力，如全国人大常委会制定了《突发事件应对法》、国务院发布了《国家突发公共事件总体应急方案》；二是推进政府信息公开，努力建设阳光政府，如国务院颁布了《政府信息公开条例》，并建立了人民政府新闻发布和新闻发言人制度。

（六）司法体制更加完善

1997—2012年间，司法机关不断健全组织机构、加强队伍建设，司法能力和司法水平持续提高，为实施依法治国基本方略、建设社会主义法治国家做出了重要贡献。

党的十五大明确提出“推进司法改革，从制度上保证司法机关依法独立公正地行使审判权和检察权”的改革任务以来，党的十六大、十七大都做出了不同程度的完善司法体制改革的部署。司法机关职权配置日趋合理，为实现公正廉洁司法提供了重要保证。一方面强化了检察机关对刑事立案、侦察和刑事审判活动、监管场所、刑罚变更执行等环节的法律监督，司法监察机制逐步完善；另一方面理顺了法院内部和上下级法院关系，对审判委员会和合议庭制度进行了改革完善，形成了依法独立审判、确保司法公正的审判机制。刑事司法制度不断完善，在尊重和保障人权上取得新进展，通过完善刑诉法、刑法等重要法律，并通过非法证据排除规则、讯问犯罪嫌疑人全程录音录像制度以及落实辩护律师的会见权制度，保障犯罪嫌疑人、被告人的合法权益。司法工作机制不断改进，建立多元化矛盾纠纷解决机制，进一步提高了司法效率。进一步推进司法公开，包括审判公开、检务公开以及警务公开，并不断完善政法队伍管理体制，提升了司法水平。

（七）社会法治观念明显增强

大规模的法治宣传教育活动的持续开展为全社会不断注入法治能量。伴随着法治宣传教育活动的展开，全社会逐渐形成了学法、尊法、守法、用法的浓厚社会氛围，法治思维逐步形成，遇事找法、解决问题用法、化解矛盾靠法开始走进人们的生活，法律越来越成为人们行为的主要规范。另外，领导干部依法执政、依法决策的能力进一步增强，公务员依法行政、公正司法的意识进一步增强，青少年的法律素养也在进一步增强；企业管理人员依法经营、依法管理的自觉性进一步提高，全社会法治化管理水平进一步提高。在不同群体法治化意识提高、法治思维养成的同时，法治社会也得到了进一步的建设和完善。

（八）法治人才培养和法治队伍建设进步较大

这一阶段的法治人才培养取得了巨大成就，突出表现为法学院数量的增多。据统计，全国有600多所大学设立了法学院，在法治人才培养的数量上较以往取得了长足的进步。同时，受经济全球化以及中国加入WTO的影响，中国法治人才培养目标与培养模式也在不断进步，比如设立法律硕士专业，培养更多的涉外法律人才等。法学院的课程体系、教材体系以及课程内容也呈现出多元化的态势。出国留学访问的学生与教师越来越多，法学院师资队伍中出现了越来越多的归国留学人才。这都极大地提高了法学院师生的国际化视野。

法治队伍建设也朝着更加专业化的方向发展，法官、检察官以及律师均进行了专业化改革。比如推行法官逐级选任制度，试行法官助理制度，对法官、法官助理、书记员以及其他工作人员实行分类管理，等等。法治队伍整体素质提升较快。

（九）党的执政能力显著提高

在我国法治建设不断进步的同时，党的执政能力也进一步提高。2004年9月19日，党的十六届四中全会通过了《中共中央关于加强党的执政能力建设的决定》，强调加强党的执政能力建设是时代的要求、人民的要求，要通过全党共同努力，使党始终成为立党为公、执政为民的执政党，成为科学执政、民主执政、依法执政的执政党，成为求真务实、开拓创新、勤政高效、清正廉洁的执政党。依法执政是党执政转型的三大目标之一，是党在新的历史时期对依法治国理论的进一步探索和深化，是从依法治国出发对党执政转型提出的必然要求，也是党执政方式的历史性跨越。

依法执政要求党改变领导方式，树立法治观，推动法治建设。加强党对法治建设的领导，包括立法、司法、普法、依法治理等，推动党的主张通过法定程序成为国家意志，支持审判机关和检察机关依法独立公正行使审判权、检察权，在全社会范围内形成尊崇法治、用法守法的良好氛围①。通过法治提高党的执政能力，是这一时期我们重要的历史经验。

三、完善阶段（2012年至今）

2012年11月，党的十八大召开。十八大报告提出，全面推进依法治国。法治是治国理政的基本方式。

2013年11月，党的十八届三中全会召开。十八届三中全会决定提出，推进法治中国建设。建设法治中国，必须坚持依法治国、依法执政、依法行政共同推进，坚持法治国家、法治政府、法治社会一体建设。

2014年10月，党的十八届四中全会召开。全会通过了《中共中央关于全面推进依法治国若干重大问题的决定》，提出全面推进依法治国，总目标是建设中国特色社会主义法治体系，建设社会主义法治国家。坚定不移走中国特色社会主义法治道路。——这是我国第一次把法治作为中央全会的主题并做出重要决定，在中国法治发展历程中具有里程碑意义。

2017年10月，党的十九大召开。十九大报告再次强调坚持全面依法治国。全面依法治国是中国特色社会主义的本质要求和重要保障。

2018年3月，中央全面依法治国领导小组成立，以加强对法治中国建设的统一领导。习近平总书记担任组长。

党的十八大以来，以习近平同志为核心的党中央从坚持和发展中国特色社会主义的全局出发，提出并形成了全面建成小康社会、全面深化改革、全面依法治国、全面从严治党“四个全面”重大战略布局，把全面推进依法治国、加快建设社会主义法治国家放在“四个全面”的战略布局中

① 叶青，陈庆安，尤俊意，等．加强和改进党对全面推进依法治国的领导．上海：上海人民出版社，2016：57.

来把握，摆在事关党和国家长治久安的重要议程中加以谋划和推进。2013年11月召开的十八届三中全会通过了《中共中央关于全面深化改革若干重大问题的决定》，把“完善和发展中国特色社会主义制度，推进国家治理体系和治理能力现代化”作为全面深化改革的总目标，提出“推进法治中国建设”的重大战略任务，强调“建设法治中国，必须坚持依法治国、依法执政、依法行政共同推进，坚持法治国家、法治政府、法治社会一体建设”①。2014年10月召开的十八届四中全会，在党的历史上第一次以中央全会形式专题研究依法治国重大问题，做出了《中共中央关于全面推进依法治国若干重大问题的决定》，提出要“坚定不移走中国特色社会主义法治道路”，把“建设中国特色社会主义法治体系，建设社会主义法治国家”确定为全面推进依法治国的总目标，并对这个总目标做出了明确而系统的阐释：“这就是，在中国共产党领导下，坚持中国特色社会主义制度，贯彻中国特色社会主义法治理论，形成完备的法律规范体系、高效的法治实施体系、严密的法治监督体系、有力的法治保障体系，形成完善的党内法规体系，坚持依法治国、依法执政、依法行政共同推进，坚持法治国家、法治政府、法治社会一体建设，实现科学立法、严格执法、公正司法、全民守法，促进国家治理体系和治理能力现代化。”② 为当代中国法治发展指明了前进方向。以中共十八大和十八届三中、四中全会为标志，中国特色社会主义法治建设进入了一个新的历史阶段。

2017年10月18日，党的十九大召开，这是在全面建成小康社会决胜阶段、中国特色社会主义发展关键时期召开的一次十分重要的大会。十九大报告对于全面依法治国进行了新的阐释，再次强调：“坚持全面依法治国。全面依法治国是中国特色社会主义的本质要求和重要保障。必须把党的领导贯彻落实到依法治国全过程和各方面，坚定不移走中国特色社会主义法治道路，完善以宪法为核心的中国特色社会主义法律体系，建设中国特色社会主义法治体系，建设社会主义法治国家，发展中国特色社会主义

① 中共中央关于全面深化改革若干重大问题的决定．北京：人民出版社，2013：3，31，31-32.

② 中共中央关于全面推进依法治国若干重大问题的决定．北京：人民出版社，2014：4.

法治理论，坚持依法治国、依法执政、依法行政共同推进，坚持法治国家、法治政府、法治社会一体建设，坚持依法治国和以德治国相结合，依法治国和依规治党有机统一，深化司法体制改革，提高全民族法治素养和道德素质。”①

报告还对下一个阶段全面深化依法治国做出具体部署，指出：“深化依法治国实践。全面依法治国是国家治理的一场深刻革命，必须坚持厉行法治，推进科学立法、严格执法、公正司法、全民守法。”“加强宪法实施和监督，推进合宪性审查工作，维护宪法权威。推进科学立法、民主立法、依法立法，以良法促进发展、保障善治。建设法治政府，推进依法行政，严格规范公正文明执法。深化司法体制综合配套改革，全面落实司法责任制，努力让人民群众在每一个司法案件中感受到公平正义。加大全民普法力度，建设社会主义法治文化，树立宪法法律至上、法律面前人人平等的法治理念。各级党组织和全体党员要带头尊法学法守法用法，任何组织和个人都不得有超越宪法法律的特权，绝不允许以言代法、以权压法、逐利违法、徇私枉法。”② 这些重大理论、重要判断、重要论述及重要举措，标志着我国法治建设进入了新阶段，也为今后中国法治建设的发展指明了方向，描绘了宏伟蓝图。根据报告的部署，为加强对法治中国建设的统一领导，成立了中央全面依法治国领导小组，习近平总书记亲自担任组长。

在这个历史阶段，“依法治国”的内涵得到了全新诠释。习近平总书记以中国特色社会主义法治道路、法治体系、法治实践为基础，围绕全面依法治国做出了一系列重要论述，涵盖了新的历史条件下我国法治建设的指导思想、性质方向、根本保障和总目标、总路径、总任务、总布局等各个方面，深刻回答了中国特色社会主义法治向哪里走、跟谁走、走什么路、实现什么目标、如何实现目标等一系列重大问题，形成了一个主题集中、主线鲜明、内容丰富、内涵深邃的法治思想体系，是对马克思主义法

---

① 习近平．决胜全面建成小康社会 夺取新时代中国特色社会主义伟大胜利：在中国共产党第十九次全国代表大会上的报告．北京：人民出版社，2017：22-23.

② 同①38-39.

治思想的全面发展，是对中国特色社会主义法治理论的重大创新，标志着我们党的法治思想从“法律体系”“法制体系”到“法治体系”的升级与升华，为全面依法治国、建设社会主义法治国家提供了根本遵循和行动指南①。

法治体系不仅包括立法及其形成的法律规范体系，而且包括执法、司法、守法等法律实施环节，包括保证法律运行的保障机制、监督机制和法治队伍建设，体现了全面推进依法治国的整体要求。党的十八大以来，在以习近平同志为核心的党中央的领导下，我们围绕全面推进依法治国的总目标，坚持中国特色社会主义制度，贯彻中国特色社会主义法治理论，努力朝着建设完备的法律规范体系、高效的法治实施体系、严密的法治监督体系、有力的法治保障体系以及完善的党内法规体系前进，取得了丰硕的成果。

建设中国特色社会主义法治体系，建设社会主义法治国家，是全面推进依法治国的总目标。在党的十八届四中全会做出相关规定的基础上，党的十九大又正式提出了全面建设社会主义现代化国家的总体时间表。据此，我们可以描绘出我国法治化进程的时间表，即与全面建设社会主义现代化国家的总体进程相一致，从 2020 年到 21 世纪中叶，我国的法治建设可以分为两个阶段：第一个阶段，从 2020 年到 2035 年，在基本实现社会主义现代化的同时，基本完成法治国家建设；第二个阶段，从 2035 年到 21 世纪中叶，把我国全面建设成为一个中国特色的法治国家②。

---

① 袁曙宏．党的十八大以来全面依法治国的重大成就和基本经验．求是，2017（11）．

② 胡明．用中国特色社会主义法治理论引领法治体系建设．中国法学，2018（3）：7．

第二章　法治建设的重大进展和辉煌成就

改革开放40年来，中国特色社会主义法治建设取得了重大进展和辉煌成就，积累了大量的实践成果和理论成果。特别是党的十八大以来，以习近平同志为核心的党中央站在全面依法治国、建设社会主义法治国家的战略高度，着眼于实现“两个一百年”奋斗目标、实现中华民族伟大复兴的中国梦，提出了为什么要建设法治国家、建设什么样的法治国家、怎样建设法治国家等一系列重大的理论观点，形成了中国特色社会主义法治理论。中国的法治建设取得了历史性成就。

一、中国特色社会主义法治道路成功开辟

> 中国特色社会主义法治道路，是社会主义法治建设成就和经验的集中体现，是建设社会主义法治国家的唯一正确道路。
>
> ——习近平

习近平总书记指出：“无论搞革命、搞建设、搞改革，道路问题都是最根本的问题。30多年来，我们能够创造出人类历史上前无古人的发展成

就，走出了正确道路是根本原因。”① 对于法治建设来说，道路问题同样是一个根本问题、前提问题和方向问题，只有找到正确的道路，中国的法治建设才能取得辉煌成就。改革开放 40 年以来中国法治建设的成就，最根本的就是成功开辟了中国特色社会主义法治道路。

（一）中国特色社会主义法治道路的意义

习近平总书记对中国特色社会主义法治道路有专门的深刻论述。他指出：“全面推进依法治国，必须走对路。如果路走错了，南辕北辙了，那再提什么要求和举措也都没有意义了。全会决定有一条贯穿全篇的红线，这就是坚持和拓展中国特色社会主义法治道路。中国特色社会主义法治道路是一个管总的东西。具体讲我国法治建设的成就，大大小小可以列举出十几条、几十条，但归结起来就是开辟了中国特色社会主义法治道路这一条。”②

中国特色社会主义法治道路是在漫长的探索和艰辛的实践之后形成的，是社会主义法治建设成就和经验的集中体现，是中国共产党人坚持把马克思主义法治思想的基本原理与中国具体的法治实践相结合，在建设中国特色社会主义法治的伟大实践中走出的一条符合中国国情的法治发展道路。

从历史上看，中国特色社会主义法治道路在形成和发展过程中，产生了两次法治革命。1949 年中华人民共和国成立，新民主主义革命取得胜利，催生了中国特色社会主义法治发展过程中的第一次革命；1978 年召开的党的十一届三中全会，开启了中国特色社会主义法治发展的新时代，推动了人治向法治的深刻改变，形成和发展了中国特色社会主义法治道路，构成了当代中国的又一次法治革命③。

党的十八大以来，以习近平同志为核心的党中央从协调推进“四个全面”战略高度出发，精心谋划全面推进依法治国的战略蓝图，明确全面推进依法治国的总目标，坚持依法治国、依法行政、依法执政共同推进，坚

① 习近平主持中共中央政治局第七次集体学习. 新华网，2013-06-26.

② 习近平. 加快建设社会主义法治国家. 求是，2015（1）.

③ 公丕祥. 中国特色社会主义法治道路的时代进程. 中国法学，2015（5）.

持法治国家、法治政府、法治社会一体建设，实现科学立法、严格执法、公正司法、全民守法。在新的历史条件下，呈现了当代中国全面推进依法治国的总体设计和精心布局，其必将对坚持和拓展中国特色社会主义法治道路产生深远影响。

（二）中国特色社会主义法治道路的内涵

习近平总书记指出："走中国特色社会主义法治道路是一个重大课题，有许多东西需要深入探索，但基本的东西必须长期坚持。"① 这基本的东西就是中国特色社会主义法治道路的基本内涵。习近平总书记把它凝练为"三个核心要义"。他指出："全面推进依法治国这件大事能不能办好，最关键的是方向是不是正确、政治保证是不是坚强有力，具体讲就是要坚持党的领导，坚持中国特色社会主义制度，贯彻中国特色社会主义法治理论。""这三个方面实质上是中国特色社会主义法治道路的核心要义，规定和确保了中国特色社会主义法治体系的制度属性和前进方向。"② 在这三个核心要义中，党的领导是根本保证，中国特色社会主义制度是基础和保障，中国特色社会主义法治理论是指导思想和法理支撑。坚持这三个核心要义，就能保证中国特色社会主义法治道路始终沿着正确的方向前进，才能使中国特色社会主义法治建设不断取得辉煌成就。

二、中国特色社会主义法律体系不断完善

在党中央领导下，经过各方面长期共同努力，一个立足中国国情和实际、适应改革开放和社会主义现代化建设需要、集中体现党和人民意志，以宪法为统帅，以宪法相关法、民法商法、行政法、经济法、社会法、刑法、诉讼与非诉讼程序法等多个法律部门的法律为主

---

① 习近平．加快建设社会主义法治国家．求是，2015（1）．

② 习近平．关于《中共中央关于全面推进依法治国若干重大问题的决定》的说明//中共中央关于全面推进依法治国若干重大问题的决定（辅导读本）．北京：人民出版社，2014：50．

干，由法律、行政法规、地方性法规三个层次的法律规范构成的中国特色社会主义法律体系如期形成，社会主义经济建设、政治建设、文化建设、社会建设、生态文明建设实现有法可依。

——吴邦国

改革开放以来，经过长期不懈的努力，我国的法律体系从恢复重建到不断发展到逐步完善，取得了十分可喜的成绩。2011 年 3 月 10 日，吴邦国委员长宣布中国特色社会主义法律体系形成，国家经济社会发展的各个方面基本实现了“有法可依”。2014 年党的十八届四中全会对全面推进依法治国做出战略部署，明确提出建设中国特色社会主义法治体系，必须坚持立法先行，完善以宪法为核心的中国特色社会主义法律体系，“形成完备的法律规范体系”成为中国特色社会主义法律体系的重要内容之一。十八大以来，在以习近平同志为核心的党中央的领导下，在坚持正确的立法指导思想和基本原则下，我们不断完善立法体制，深入推进科学立法、民主立法，切实提高立法质量，不断加快重点领域立法，在积极推动以宪法为核心的中国特色社会主义法律体系的完善发展方面取得了显著成就。

（一）立法数量进一步增加，立法领域分布广泛

党的十八大以来，截至 2017 年 6 月底，十二届全国人大及其常委会制定法律 20 件，修改法律 101 件，通过有关法律问题和重大问题决定 36 件，做出法律解释 9 件；国务院制定修订行政法规 43 部，以“一揽子”方式修订行政法规 125 部①。立法数量进一步增加。

立法的领域涉及国计民生的各个方面，如国家监察体制改革、自由贸易试验区建设、农村土地制度改革、行政审批制度改革、认罪认罚从宽制度、金融体制改革、司法体制改革、公务员制度改革、社会保险制度改革、军官制度改革、武警部队改革等众多领域。涉及的领域之广、数量之多，前所未有。

---

① 学习贯彻习近平总书记全面依法治国新理念新思想新战略 坚定不移走中国特色社会主义法治道路：访中央政法委秘书长汪永清. 法制日报，2017-09-13.

（二）贯彻科学立法与民主立法，立法质量不断提高

多年来，全国人大及其常委会紧紧围绕党和国家工作大局，依法履行立法职权，在推动发展方式转变，推进依法行政、公正司法和全民守法，加强和创新以保障和改善民生为重点的社会建设，尊重和保障人权，促进人与自然和谐相处等方面抓紧制定和完善相关法律，确保中国特色社会主义法律体系如期形成并不断完善，为全面实施依法治国基本方略、实现国家长治久安提供了有力保障。特别是党的十八以来，立法机关在坚持科学立法、民主立法的基础上，还提出了“依法立法”的新要求，牢牢抓住提高立法质量这个关键，增强了立法的针对性、及时性、系统性和可操作性。2017 年 12 月 18 日，全国人大常委会办公厅印发《关于立法中涉及的重大利益调整论证咨询的工作规范》《关于争议较大的重要立法事项引入第三方评估的工作规范》，这两个工作规范对于提高立法质量，完善立法机制和程序，深入推进科学立法、民主立法、依法立法具有十分重要的意义。

具体而言，在科学立法、民主立法方面探索出多种方式。

其一，注重发挥专家学者的“智囊团”作用。全国人大及其常委会聘请立法顾问，建立立法专家库，与许多大学、学术机构联合成立立法研究中心。立法顾问和专家学者积极参与立法调研、起草、论证、评估等活动，真正发挥了立法的参谋助手和“外脑”作用，提高立法专业化水平和立法决策的科学化程度。如中国法学会围绕《民法总则》《慈善法》《网络安全法》《刑法修正案（九）》等 64 部法律、24 部行政法规和 6 部重要的部门规章累计组织 94 场立法专家咨询会，专家学者共 1 700 人次参加研讨会①。

其二，拓宽公众参与立法的渠道，广泛听取各方面意见。比如，通过新闻媒体公布法规草案，充分听取社会公众对立法的意见和建议。2012 年国务院共有 13 件法律草案、行政法规草案在中国政府法律信息网全文公

① 李明征．法治政府建设新成就：党的十八大以来全面推进依法行政成绩单．北京：中国法制出版社，2017：95.

布，征求社会各界意见。通过微博、微信，让网友参与问卷调查、投票评论等，吸引社会公众参与立法活动，听取公众意见。通过召开听证会、座谈会、论证会等形式，充分听取政府有关部门对立法的意见和建议，增强立法参与的广泛性，加深人民群众对立法的认知程度。

其三，充分发挥人大代表作用。人大代表是国家权力机关的组成人员，代表人民的利益和意志依法行使国家权力。在立法工作中，有关部门更加注重发挥人大代表的作用，通过组建专业代表小组，在立法过程中邀请代表参加调研、座谈、论证，听取代表意见，对代表提出的意见，安排专人及时整理、汇总，并将其作为重要问题研究。此外，还不断创新代表参与立法形式，如邀请代表列席常委会，在分组审议时设立代表组，对法规草案进行讨论，法制委员会审议报告对代表提出的重要意见都给予回应，不断提高立法的民主化程度。

其四，建立基层立法联系点。在全国各个地区建立立法联系点，使基层群众可以更直接、更方便地参与地方立法工作，贡献立法智慧。完善立法联系点工作制度，拓展联系点范围，建立多层次、宽领域的立法联系点。把法规草案征求意见的范围由座谈会、讨论会、论证会扩展到街道社区和乡镇村屯，使法规的核心条款充分体现民意。引导鼓励广大民众多提立法意见建议，逐步树立关心立法工作就是关心自身利益的法律意识。

其五，坚持立改废释并举。统筹考虑立新废旧、修法释法并举和法律间协调衔接，对部分法律中涉及同类事项或者同一事由需要修改的个别条款，采取一并提出法律案的方式进行统筹修改。党的十八大以来，全国人大常委会采取统筹修法方式，审议通过了 13 个修法决定，涉及修改法律和有关法律问题的决定 74 件次。通过“一揽子”修改，确保法律规范之间能够相互协调、有效衔接。

其六，不断改进调研方式。为提高立法质量，全国人大常委会不断加强和改进调研方式。如 2016 年，为了制定好《民法总则》，除了广泛听取学术界的意见之外，张德江委员长和李建国副委员长还分别带队深入农村、社区、企业进行调研，听取各方面特别是基层的意见和建议，力求使法律草案更好体现国情、符合实际、反映民意。再如，在《旅游法》调研中，全国人大常委会法工委采取“不和地方打招呼”方式，以普通游客的身份到基层调研，从而掌握第一手资料。

法律草案征求意见

中国人大网 www.npc.gov.cn

【中文版】【English】

当前位置：首页 > 法律草案征求意见 2018年5月21日

正在进行征求意见

法律草案名称	征求意见时间	参与人数(人)	意见条数(条)
刑事诉讼法（修正草案）征求意见	2018-05-09 至 2018-06-07		

已结束的征求意见 更多 >>

法律草案名称	征求意见时间	参与人数(人)	意见条数(条)
土壤污染防治法（草案二次审议稿）征求意见	2017-12-29 至 2018-01-27	102	494
英雄烈士保护法（草案）征求意见	2017-12-29 至 2018-01-27	420	1008
基本医疗卫生与健康促进法（草案）征求意见	2017-12-29 至 2018-01-27	31665	57075
国际刑事司法协助法（草案）征求意见	2017-12-29 至 2018-01-27	36	305

法律草案 更多 >>

- 中医药法（草案二次审议稿）全文
- 电影产业促进法（草案二次审议稿）
- 海洋环境保护法修正案（草案）条文
- 环境保护税法（草案）全文
- 网络安全法（草案二次审议稿）全文
- 民法总则（草案）全文
- 红十字会法（修订草案）全文
- 公共文化服务保障法（草案）全文

相关报道 更多 >>

- 使用智能手机要加装“安全锁”

图片来源：中国人大网。

（三）重点领域立法得到加强

全国人大常委会、国务院坚持立法先行，紧紧抓住事关改革发展稳定的重大立法项目，紧紧抓住提高立法质量这个关键，相继出台一批重要法律法规。

第一，加强构建国家安全法律制度体系。国家安全是安邦定国的基石。全国人大常委会贯彻落实总体国家安全观，制定了《国家安全法》《反间谍法》《反恐怖主义法》《网络安全法》《国防交通法》《国家情报法》《境外非政府组织境内活动管理法》等法律，根据实践需要及时修订《刑法》，审议《核安全法（草案）》，为维护国家核心利益和其他重大利益提供坚实法制保障。《国家安全法》以总体国家安全观为指导思想，确立了中央国家安全领导体制，明确了政治安全、国土安全、军事安全、文化安全、科技安全等领域的国家安全任务，为构建和完善国家安全法律制度体系提供了完整框架。《网络安全法》遵循积极利用、科学发展、依法管理、确保安全方针，正确处理网络空间自由和秩序、安全和发展、自主和开放的关系，确立了网络安全的各方面基本管理制度，是网络安全领域的基础性法律。

第二，全面启动《民法典》编纂，制定《民法总则》。编纂《民法典》是党的十八届四中全会提出的重大立法任务。《民法总则》是《民法典》的开篇之作，在《民法典》中起统领性作用。《民法总则》确立并完善了民事基本制度，贯彻全面依法治国要求，坚持人民主体地位，坚持从我国国情和实际出发，坚持社会主义核心价值观，总结继承我国民事法制经验，适应新形势新要求，全面系统确定了我国民事活动的基本规定和一般性规则。第十二届全国人民代表大会第五次会议高票通过《民法总则》，并于2017年10月1日开始实施，这标志着我国《民法典》的编纂工作迈出了坚实的第一步。目前正在抓紧进行《民法典》各分编的编纂工作，确保到2020年形成一部具有中国特色、体现时代精神、反映人民意志的《民法典》。

第三，生态环境保护领域立法不断推进。根据不断变化的经济社会形势，及时修订《环境保护法》《大气污染防治法》《野生动物保护法》《海洋环境保护法》等法律。特别是新修订的《环境保护法》，建立了环境污染公共监测预警机制，划定生态保护红线，加重行政监管部门的责任，扩大环境公益诉讼主体，针对违法成本低的问题，设计了罚款的按日连续计罚规则，等等。扬“齿”立威、铁腕治污，新环保法的实施使得环保执法“过松”“过软”局面有了明显改观。《大气污染防治法》也进行了全面修订，强化了政府、企业、社会防治责任，完善了大气污染防治标准、污染排放总量控制和排污许可制度，加大了燃煤、工业、机动车船、扬尘、农业等领域污染防治力度，健全了重点区域联防联控、重污染天气应对机制，法律的针对性、可操作性和可执行性明显增强。

第四，加强社会、民生领域立法。制定了《慈善法》《反家庭暴力法》《中医药法》等一批重要法律，修改了《食品安全法》《劳动合同法》《职业病防治法》《人口与计划生育法》《民办教育促进法》等法律。修改后的《食品安全法》建立了最严格的、覆盖全过程的食品安全监管制度，突出预防为主、风险防范，进一步完善食品安全风险监测、评估和安全标准等基础性制度，实施食品生产、流通、餐饮服务全过程监管，强化对违法生产经营、监管失职渎职等行为的法律责任追究，建立包括有奖举报、信息发布、责任保险等在内的食品安全社会共治体系。《反家庭暴力法》强调反家庭暴力是国家、社会和每个家庭的共同责任，明确了家庭暴力的预防和处置机制措施，为推动解决妇女、未成年人等群体遭受家庭暴力问题，维护平等和睦文明的家庭关系，提供了更加完善的法律保障。

三、宪法实施和监督日益加强

> 完善以宪法为核心的中国特色社会主义法律体系，加强宪法实施。
>
> 坚持依法治国首先要坚持依宪治国，坚持依法执政首先要坚持依宪执政。
>
> ——《中共中央关于全面推进依法治国若干重大问题的决定》

宪法是国家的根本法，是治国安邦的总章程，具有最高的法律地位、法律权威、法律效力。习近平总书记指出：“宪法是国家的根本法。法治权威能不能树立起来，首先要看宪法有没有权威。必须把宣传和树立宪法权威作为全面推进依法治国的重大事项抓紧抓好，切实在宪法实施和监督上下功夫。”① 宪法的生命力在于实施，宪法的权威也在于实施。全面贯彻实施宪法，是全面推进依法治国，建设社会主义法治国家的首要任务和基础性工作。

八二宪法颁布后，30余年来，维护宪法权威、保证宪法实施一直是法治建设的主要任务。特别是党的十八大以来，从理论构建到制度完善，从顶层设计到具体落实，我们在宪法实施上切实下了不少功夫，取得了重大

① 习近平. 关于《中共中央关于全面推进依法治国若干重大问题的决定》的说明//中共中央关于全面推进依法治国若干重大问题的决定（辅导读本）. 北京：人民出版社，2014：52.

进展。

（一）完善宪法监督制度，健全宪法解释程序机制

人民代表大会制度是我国的根本政治制度，我国的宪法监督制度主要包括宪法解释制度以及备案审查制度。《宪法》第62条、第67条在规定全国人大及其常委会监督宪法实施的同时，还规定全国人大常委会有权撤销行政法规、决定和命令，撤销地方性法规和决议，这些规定是从宪法监督的角度做出的。《宪法》第100条、第116条从立法体制角度对备案审查做出了明确规定。联系起来看，《宪法》的这些规定构成了备案审查制度的基本框架。其他宪法性法律如《立法法》第五章“适用与备案审查”、《监督法》第五章“规范性文件的备案审查”则进一步对备案审查制度做出具体规定，使备案审查工作依宪依法有序开展。在我国，根据《宪法》规定，由全国人大及其常委会监督宪法的实施，规范性文件备案审查制度就是重要的方式。

（二）设立国家宪法日与宪法宣誓制度

2014年10月23日，党的十八届三中全会决定建立宪法宣誓制度，并提出将每年12月4日定为国家宪法日。11月1日，全国人大常委会通过关于设立国家宪法日的决定，以立法形式将12月4日设立为国家宪法日。2015年7月1日十二届全国人大常委会第十五次会议通过关于宪法宣誓制度的决定，2018年2月24日对宣誓誓词做了修订。

宪法宣誓制度是世界上大多数有成文宪法的国家所采取的一种制度。在世界上142个有成文宪法的国家中，规定相关国家公职人员必须宣誓拥护或效忠宪法的有97个。党的十八届三中全会决定和全国人大常委会决定规定，凡经人大及其常委会选举或者决定任命的国家工作人员，在就职时应当公开进行宪法宣誓。

设立宪法宣誓制度和国家宪法日，有利于彰显宪法尊严和权威，增强公职人员宪法观念，激励公职人员忠于宪法、维护宪法，也有利于在全社会增强宪法意识、弘扬宪法精神、树立宪法权威，加强宪法实施。

宪法宣誓誓词

我宣誓：忠于中华人民共和国宪法，维护宪法权威，履行法定职责，忠于祖国、忠于人民，恪尽职守、廉洁奉公，接受人民监督，为建设富强民主文明和谐美丽的社会主义现代化强国努力奋斗！

四、立法体制逐步完善

40年法治建设，我国的立法体制逐步得到完善。特别是党的十八大以来，立法体制取得了一些突破性进展。

（一）坚持党对立法工作的领导

坚持党对立法工作的领导是完善立法体制的核心和根本。党对立法工作的领导主要体现在两个层面：一是党通过人大立法，将其政策上升为国家意志，变成全体人民的共同行动；二是完善党对立法工作中重大问题做出决策的程序并予以规范化、制度化。党的十八大以来尤其加强了后者的制度建设。立法机关根据党的中心任务，按照党中央确定的不同阶段的经济社会发展目标任务和大政方针，研究确定立法规划，并根据党中央的决策部署及时对本届全国人大常委会立法规划做出调整。如2015年6月，经党中央批准，全国人大常委会调整立法规划，在原有68件立法项目基础上增加34件，将党的十八届三中、四中全会决定明确提出的，需要在本届完成的立法项目列入规划。同时，健全了立法工作向党中央请示报告制度，重要法律的起草修改和立法工作中的其他重大事项，都由全国人大常委会党组及时向党中央请示报告，切实保障中央重大决策部署的贯彻落实。如全国人大及其常委会通过的《预算法》修改决定、《立法法》修改决定、《刑法修正案（九）》、《国家安全法》以及《网络安全法》草案等，都向中央做了请示汇报。通过坚持和健全请示报告制度，可以更准确地领会中央的立法意图，把中央精神不折不扣地贯彻到立法工作中，让中央及时掌握全国人大及其常委会的立法工作情况，切实保障中央重大决策部署的贯彻落实①。

（二）发挥全国人大及其常委会在立法中的主导作用

全国人民代表大会是我国的最高权力机关，立法权是其最重要的权力之一。40年来，全国人大及其常委会在立法中一直发挥着主导作用，相继制定了一大批法律，这是我国立法体制的一大特色，也是我国法治建设的重要成就和成功经验。党的十八大特别是十八届四中全会以来，随着我国经济社会的发展和改革的不断深化，面对立法工作中不断出现的新情况新问题，全国人大及其常委会加强对立法工作的组织协调，牢牢把握立项、起草、审议等关键环节的主导作用；加强综合性、全局性、基础性重要法律案的组织起草工作，及时出台建立健全全国人大专门委员会、常委会工作机构组织起草重要法律草案制度的实施意见；注重发挥全国人民代表大会行使国家立法权的职权，保障人大代表直接参与行使立法权力。2015年至2017年，《立法法》的修改、《慈善法》和《民法总则》的制定，都是由全国人民代表大会审议通过的。2017年3月，在全国人大代表审议《民法总则》的过程中，共有700多位代表发言，提出了近2 000条意见建议，有关部门对这些意见建议逐条分析、认真研究，根据代表们的审议意见，对《民法总则》草案先后做了150多处修改，充分体现了人大代表在立法工作中的主体作用②。

（三）加强和改进政府立法制度建设，明确立法权力边界

其一，相继完善行政法规、规章制定的程序，完善公民参与政府立法机制。行政法规、规章是保证法律正确实施的重要方面，新修订的《立法法》对制定行政法规和规章的权限和程序做了原则性规定，与之相适应，2017年国务院相继修订了《行政法规制定程序条例》和《规章制定程序条例》，对于政府及其相关组成部门制定行政法规和规章的程序进行了细化

① 李适时．不断完善以宪法为核心的中国特色社会主义法律体系：上．中国人大，2015（23）．

② 乔晓阳．党的十八大以来立法工作新突破．求是，2017（19）．

规定。此外，还完善了公众参与政府立法的制度和机制，增强了政府立法的公开性、透明性，明确了行政法规和规章草案一般要向社会公开征求意见，并以适当方式反馈意见采纳情况。进一步加强了政府法制机构在政府立法中的主导和协调作用，规定在涉及重大意见分歧、达不成一致意见的时候，要及时报请本级人民政府决定。建立了政府立法成本效益分析、社会风险评估、实施情况后评估工作，建立由专门的法制机构组织起草法律法规的工作机制。规定了重要的行政管理法律法规由政府法制机构组织起草，并在起草过程中，着力把握和处理好权力与权利、权力与责任之间的关系，加强对行政权力的规范、制约和监督，督促行政机关依照法定的权限和程序正确行使权力，保障公民、法人和其他组织的合法权益不受非法侵害。

其二，进一步明确立法权力的边界，从体制机制和工作程序上有效防止部门利益和地方保护主义法律化。2015 年《立法法》修改，对部门规章和地方政府规章权限进行规范。《立法法》第 80 条明确规定："没有法律或者国务院的行政法规、决定、命令的依据，部门规章不得设定减损公民、法人和其他组织权利或者增加其义务的规范，不得增加本部门的权力或者减少本部门的法定职责。"第 82 条规定："没有法律、行政法规、地方性法规的依据，地方政府规章不得设定减损公民、法人和其他组织权利或者增加其义务的规范。"第 67 条规定，"重要行政管理的法律、行政法规草案由国务院法制机构组织起草"，不能由部门起草。

立法过程是不同利益群体之间的博弈过程，不同部门、行业、群体都会以不同方式参与和影响立法，相互之间难免会有利益冲突和意见分歧。因此，党的十八届四中全会以来，我们着力加强立法协调沟通，理顺各部门、各工作环节之间的关系，及时解决立法中的重大分歧。在法律的立项、起草和审议等各环节，要求起草单位和立法机关广泛听取并认真研究各方面的意见。对于立法中的重点难点问题和部门间分歧较大的重要立法事项，要求牵头起草单位在深入研究、充分论证的基础上，加强与有关方面的协商沟通，共同研究解决，努力取得共识。必要时，决策机关可以邀请有关专家或者委托社会机构对有关问题进行第三方评估，也可以对一些有重大分歧意见的问题，提出若干解决方案，充分听取各方意见后及时做出决定，不能为部门之间的分歧所掣肘而久拖不决。如《规章制定程序条例》第17条规定，起草部门规章，涉及国务院其他部门的职责或者与国务院其他部门关系紧密的，起草单位应当充分征求国务院其他部门的意见。起草地方政府规章，涉及本级人民政府其他部门的职责或者与其他部门关系紧密的，起草单位应当充分征求其他部门的意见。起草单位与其他部门有不同意见的，应当充分协商；经过充分协商不能取得一致意见的，起草单位应当在上报规章草案送审稿时说明情况和理由。

（四）依法赋予设区的市地方立法权

在《立法法》修改之前，我国除了《立法法》规定的省、自治区的人民政府所在的市，经济特区所在地的市和国务院已经批准的较大的市有立法权以外，其他的设区的市均没有立法权。随着经济社会的发展，这一规定越来越不能满足各地经济社会发展和城镇化推进的需要。尤其在城建、市容卫生、环境保护等方面，根据地方特点制定地方行政法规存在一定的客观需要。在此形势下，党的十八届四中全会明确提出依法赋予设区的市地方立法权。随后在中央统一部署下，本着充分发挥地方主动性和积极性的原则，通过修改《立法法》赋予设区的市地方立法权。但同时规定，这只限定于城乡建设与管理、环境保护、历史文化保护等方面，并且规定制定地方性法规的具体步骤和时间，由省、自治区的人民代表大会常务委员会综合考虑本省、自治区所辖的设区的市的人口数量、地域面积、经济社会发展情况以及立法需求、立法能力等因素确定，并报全国人大常委会和国务院备案。截至2017年4月底，全国新赋予地方立法权的273个市、自治州中，已有269个经批准开始制定地方性法规，占到98.5%。已经审议通过并经批准的地方性法规有369件，84%的市、州已经有了自己的法规。这是我国立法体制上一个重大的突破。

此外，还积极运用授权立法。党的十八大以来，立法授权改革日益成为实现改革决策与立法决策相统一、相衔接的重要立法方式。全国人大常委会对与现行法律规定不一致、修改法律条件尚不成熟、需要先行先试的改革举措，按照法定程序做出授权决定，为局部地区或者特定领域先行先试提供法律依据和支持。截至2018年5月，全国人大常委会依照法定程序做出17项授权和有关决定，涉及自由贸易试验区建设、行政审批制度改革、农村集体土地使用制度改革、金融体制改革、司法体制改革、国家监察体制改革、公务员制度改革、社会保险制度改革、军官制度改革等方面，暂时停止或调整某些法律条款的实施，允许试点地区先行先试，形成可复制可推广的成功经验和有效制度后再修改法律。实践证明这种方式是有效的。2013年8月30日，十二届全国人大常委会第四次会议通过了《关于授权国务院在中国（上海）自由贸易试验区暂时调整有关法律规定的行政审批的决定》。2016年9月，自贸区授权三年期满，十二届全国人大常委会第二十二次会议表决通过了修改“外资三法”和《台湾同胞投资法》的决议，将自贸区试点的改革措施上升为法律。

五、法治政府建设稳步推进

加快建设职能科学、权责法定、执法严明、公开公正、廉洁高效、守法诚信的法治政府。

——《中共中央关于全面推进依法治国若干重大问题的决定》

建设法治政府是全面依法治国的重要内容和关键环节，是实现国家治理体系和治理能力现代化的必然要求，也是我国政府施政的基本目标。能否做到依法治国，关键在于各级党组织和党员领导干部能否做到依法执政，各级政府及其工作人员能否做到依法行政。改革开放以来，我国采取一系列措施切实推进依法行政，经历了一个从提出建设法制政府到确立建设法治政府的深刻变化过程。总体看来，通过改革开放40年坚持不懈的努力，我国的法治政府建设已经迈出了重要步伐。特别是党的十八大以来，在以习近平同志为核心的党中央的领导下，在原有的基础上，我国法治政府建设各项工作全面提速、有力推进，取得了显著成效。党的十八大把法治政府基本建成确立为到2020年全面建成小康社会的重要目标之一。党的十八届四中全会将法治政府建设作为全面落实依法治国基本方略的重要内容进行部署，提出了法治政府的基本标准和要求。2015 年年底，党中央、国务院印发《法治政府建设实施纲要（2015—2020 年）》，确立了今后几年加快建设法治政府的宏伟蓝图和行动纲领。“职能科学、权责法定、执法严明、公开公正、廉洁高效、守法诚信”成为衡量法治政府建设水平的关键词。

（一）依法全面履行政府职能

依法全面履行政府职能是法治政府建设的内在要求。习近平总书记指出：“各级政府一定要严格依法行政，切实履行职责，该管的事一定要管好、管到位，该放的权一定要放足、放到位，坚决克服政府职能错位、越位、缺位现象。”① 这一方面要求政府在法治化轨道上行使权力，防止权力任意扩张，行政行为的主体、权限、依据和程序都要严格遵守法律规范，做到不越权、不滥权；另一方面要求政府全面履行法定职能，在经济调节、市场监管、社会管理和公共服务等方面的职能履行到位，该管的一定要管住、管好，做到不缺位、不失职；同时，还要求政府有强烈的责任意识和担当精神，积极回应社会公众的需求和关切，对人民群众反映强烈的问题，事不避难，敢抓敢管，切实履行好法定职能。

其一，厘清职权的法定界限，坚持全面履职和权责统一。在这一层面，党中央国务院采取了一系列举措。如完善行政组织和行政程序法律制度，推进机构、职能、权限、程序、责任法定化，以法定方式确定政府的权力来源和边界、机构职责设置与人员配备，把各类行政行为运行的全部过程纳入法治化轨道，形成了权责一致、分工合理、决策科学、执行顺畅、监督有力的行政管理体制，推进了各级政府事权规范化、法律化。

其二，实现简政放权，进一步深化行政审批制度的改革。党的十八大以来，国务院先后取消、下放国务院部门行政审批事项 618 项，逐步厘清了政府与市场的边界；清理和规范了“红顶中介”乱象，在国务院各部门共 430 余项行政审批中介服务事项中，近 70％的中介服务事项不再作为审

① 习近平在中共中央政治局第十五次集体学习时强调 正确发挥市场作用和政府作用 推动经济社会持续健康发展. 人民日报，2014-05-28.

批的条件，改革红利持续释放；31个省（自治区、直辖市）公布了省市县三级政府部门权力清单和责任清单，政府职责一目了然①。党的十八大以来，各类审批事项的裁减情况如表2-1所示：

表2-1　　各类审批事项的今昔对比

<table>
<tr><th></th><th>本届政府成立之初</th><th>五年来取得的成就</th><th>完成情况</th></tr>
<tr><td>国务院部门各类审批</td><td>1 562项</td><td>本届政府已累计削减行政审批事项697项，约占总数的41%</td><td rowspan="2">提前完成本届政府减少1/3行政审批事项的目标</td></tr>
<tr><td>国务院部门管理的职业资格类证照</td><td>950多类</td><td>取消职业资格许可认定事项434项，削减达院总量70%以上</td></tr>
<tr><td>非行政许可审批事项</td><td>453项</td><td>今后不再保留“非行政许可审批”这一审批类别，彻底提前完成本届政府减少1/3行政审批事项的目标，终结“非行政审批”这一概念</td><td rowspan="2">提前完成本届政府减少1/3行政审批事项的目标</td></tr>
<tr><td>中央核准的投资项目数量</td><td></td><td>2013年、2014年、2016年，连续三次修订《政府核准的投资项目目录》。中央层面核准的投资项目数量累计减少90%；外商投资项目95%以上已由核准改为备案管理</td></tr>
</table>

其三，全力推行政府权力清单制度。在2014年天津夏季达沃斯论坛开幕式上，李克强总理率先为中国制度建设开出“三张清单”（见图2-1）：“权力清单”、“责任清单”和“负面清单”，提出建立健全“清权、减权、制权、晒权”的清单管理制度。2015年3月中共中央办公厅、国务院办公厅印发了《关于推行地方各级政府工作部门权力清单制度的指导意见》，要求各级政府工作部门将行使的各项行政职权及其依据、行使主体、运行流程、对应的责任等以清单形式明确列示出来，向社会公布，接受社会监督。中央全面深化改革领导小组审议通过《关于实行市场准入负面清单制度的意见》，提出对应该放给企业的权力要松开手、放到位，做到市场准

---

① 袁曙宏．党的十八大以来全面依法治国的重大成就和基本经验．求是，2017（11）；依法行政按下“快进键”：党的十八大以来加快法治政府建设述评．新华网，2016-02-24．

入负面清单以外的事项由市场主体依法自主决定，并明确我国将从2018年起正式实行全国统一的市场准入负面清单制度。权力清单的本质在于让行政主体所行使的权力能够透明、规范。权力清单制度的推广，提高了政府履行职责的能力和水平。第一，凡未列入清单的权力，行政机关均不得行使，这将极大地压缩行政机关拥有的法外权力；第二，法律应当成为判断和确定行政机关是否拥有以及拥有何种行政权力的依据和标准，从而可以提高判定行政权力边界的明晰度，减少权限争议，防止互相推诿或争权；第三，摸清所有行政机关享有的行政权力"家底"，为规范和约束行政权力奠定基础。

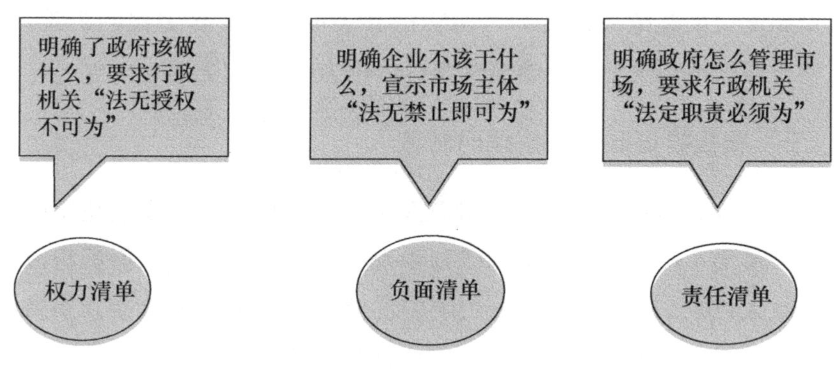

图2-1　三张清单各是什么？

（二）依法决策机制驶入快车道

行政决策是法治政府建设的关键环节。行政机关能否做到依法决策，直接体现其依法行政水平高低，直接决定政府职能能否全面正确履行，直接关系到2020年法治政府基本建成目标能否实现。健全依法决策机制是加快法治政府建设的内在要求，同时也是坚持科学民主决策的必然要求。

党的十八大报告提出："坚持科学决策、民主决策、依法决策，健全决策机制和程序，发挥思想库作用，建立健全决策问责和纠错制度。"党的十八大以来，依法决策机制建设全面展开。到目前为止，全国已有28个省级政府出台了有关重大行政决策程序的制度。有的是在地方行政程序规定中设专章规定重大行政决策程序，如《江苏省行政程序规定》《兰州市行政程序规定》；有的是出台规范重大行政决策程序的制度，其中既有对决策程序、环节的综合性规定，如《宁夏回族自治区重大行政决策规则》，也有针对公众参与、决策听证、专家论证、风险评估等重要决策环节制定专门规定，如《四川省重大行政决策责任追究暂行办法》；等等。2017 年 6 月，《重大行政决策程序暂行条例（征求意见稿）》向社会公开征求意见。该条例明确了重大行政决策的范围和法定程序，规定了重大决策的概念和内涵，重大决策所应遵循的科学、民主、依法、公开等原则，以及公众参与、专家论证、风险评估、合法性审查以及集体讨论决定等方面内容。该条例征求意见目前业已结束。可以设想，条例通过后，其将以科学、刚性的决策制度约束规范决策行为，切实提高决策质量，努力控制决策风险，及时纠正违法不当决策，不断增强政府公信力和执行力。

（三）积极推进政府法律顾问制度

党的十八届四中全会提出，积极推行政府法律顾问制度，建立政府法制机构人员为主体、吸收专家和律师参加的法律顾问队伍，保证法律顾问在制定重大行政决策、推进依法行政中发挥积极作用。2016 年，中共中央办公厅、国务院办公厅印发实施《关于推行法律顾问制度和公职律师公司律师制度的意见》。随后，省级政府普遍设立了政府法律顾问，国务院部门和市县政府也在稳步推进政府法律顾问制度，为政府依法决策提供智力支持。到 2018 年，省、市、县三级政府法律顾问基本实现全覆盖，政府法律顾问在制定重大行政决策、推进依法行政中发挥着越来越重要的作用。

（四）建立重大决策终身责任追究制度及责任倒查机制

党的十八届四中全会指出，要建立重大决策终身责任追究制度及责任倒查机制，对决策严重失误或者依法应该及时做出决策但久拖不决造成重大损失、恶劣影响的，严格追究行政首长、负有责任的其他领导人员和相关责任人员的法律责任。这项制度是对我国行政问责制度的重大发展。

为了落实党的十八届四中全会决定，2016 年，中共中央办公厅、国务院办公厅印发《党政主要负责人履行推进法治建设第一责任人职责规定》，中央全面深化改革领导小组第十四次会议审议通过《关于开展领导干部自然资源资产离任审计的试点方案》《党政领导干部生态环境损害责任追究办法（试行）》等文件。责任是法律的生命，如果责任追究制度不完善、不落实或者落实不到位，等于法律没有实施或者实施不到位，那么任何法律均是一纸空文。只有追究责任者的责任，一查到底，才能减少此类失误。因此，建设责任追究制度十分重要，尤其是“终身追责制度”，无论责任人在岗、升迁，还是调任、离休，都要问责追究到底。只有这样，才能督促、警戒其时刻落实和敬畏法律，遵循法定的权限和程序，严格依法科学民主决策。

（五）加强行政执法规范化

行政执法是行政机关的基本职能，是行政机关履行政府职能、管理经济社会事务的主要方式。我国绝大多数法律、地方性法规和几乎所有的行政法规，都是由行政机关执行的。改革开放40年来，我们不仅制定了大量的行政法律法规，而且在行政执法规范化方面也取得了不小进展。

其一，深入推进行政执法体制改革。2015年，中共中央、国务院颁布《关于深入推进城市执法体制改革 改进城市管理工作的指导意见》，就理顺城市管理执法体制、推进城市管理综合执法体制改革、加强城市管理综合执法机构和队伍建设等做出了专项部署，有力地推进了执法重心和执法力量向市县下移，清除了多层、多重执法，大幅减少了市县执法队伍种类，极大地推进了综合执法。2016年中共中央办公厅、国务院办公厅印发《关于进一步深化文化市场综合执法改革的意见》，组建文化市场综合执法机构，提升了执法效能，规范了市场秩序，推动了优秀文化产品的生产和传播，促进了社会效益和经济效益有机统一。

2018年3月21日，中共中央印发《深化党和国家机构改革方案》，进一步深化了行政执法体制改革，整合组建了市场监管综合执法队伍、生态环境保护综合执法队伍、文化市场综合执法队伍、交通运输综合执法队伍、农业综合执法队伍。这些措施相对集中了行政执法权，减少了执法队伍种类，减少了执法层次，可以有效解决老百姓最反感的执法不作为、乱作为等问题。

此外，2015 年 12 月中共中央办公厅、国务院办公厅印发《关于完善国家统一法律职业资格制度的意见》，在执法队伍管理和人员配备使用上坚持高标准、严要求，严格执行执法人员持证上岗和资格管理制度，规定未经执法资格考试合格，不得授予执法资格，不得从事执法活动；对上岗人员则要求加强执法教育和专业培训。这有力地推进了教育培训制度化、常态化，切实提高了执法人员解决突出矛盾和复杂问题的能力。意见还要求严格执行罚缴分离和收支两条线管理制度，严禁收费罚没收入同部门利益直接或者变相挂钩。

其二，完善行政执法程序。2017 年 2 月起，全国 32 个地方和部门，在行政许可、行政处罚、行政强制、行政征收、行政收费、行政检查六类行政执法行为领域推行行政执法公示制度、执法全过程记录制度、重大执法决定法制审核制度三项试点。试点推行行政执法公示制度，要求执法机关依法及时主动向社会公开有关行政执法信息，行政执法人员在执法过程中主动表明身份，接受社会监督。试点推行执法全过程记录制度，要求执法部门通过文字、音像等记录方式，对行政执法行为进行记录并归档，实现全过程留痕和可回溯管理。试点推行重大执法决定法制审核制度，要求执法部门在做出重大执法决定之前，必须进行合法性审核，未经合法性审核或者审核未通过的，不得做出决定。

此外，还建立健全行政裁量权基准制度，细化、量化行政裁量标准，规范裁量范围、种类、幅度。许多地方的政府部门制定并发布了行政执法领域的裁量基准，特别是行政处罚裁量基准。

其三，全面落实行政执法责任制。严格确定不同部门及机构、岗位执法人员的执法责任，建立健全常态化的责任追究机制。加强执法监督，不少地方建立统一的行政执法监督网络平台，建立健全投诉举报、情况通报等制度，坚决排除对执法活动的干预，防止和克服部门利益、地方保护主义以及执法工作中的利益驱动，惩治执法腐败现象。

（六）强化对行政权力的制约和监督

法律赋予行政机关的职权，既是一种权力，更是一种责任。因此，必须强化对行政权力的制约和监督，包括党内监督、人大监督、民主监督、行政监督、司法监督、审计监督、社会监督、舆论监督等，形成科学有效的权力运行制约和监督体系。党的十八大以来，在以往监督制约机制的基础上，进一步加强了对权力制约监督体制机制的探索和实践，取得了不小成绩。

第一，建立法治政府建设指标体系和考核评价制度。制定并不断完善法治政府建设指标体系，建立法治政府建设考评制度，从依法履职、制度建设、行政决策、行政执法、政府信息公开、矛盾纠纷化解、公众参与、公务员法律意识和素养、廉洁从政等方面，对地方政府的法治建设水平进行考核。对各地、各部门存在的问题“点名道姓”，下发整改意见书限期落实。

第二，加强行政应诉工作，自觉接受司法监督。2016 年 6 月，国务院办公厅出台《关于加强和改进行政应诉工作的意见》，要求各省区市人民政府、国务院各部委、各直属机构高度重视行政应诉工作，支持人民法院依法受理和审理行政案件，认真做好答辩举证工作，依法履行出庭应诉职责，配合人民法院做好开庭审理工作，积极履行人民法院生效裁判。各有关部门制定了实施意见，并做到了严格落实。

第三，切实加强审计监督。检查重大项目落地、重点资金保障、简政放权推进、重大政策落实、风险防范情况，是政策落实跟踪审计的五大抓手。党的十八大以来，审计工作在推动党中央、国务院重大决策落地生效、监督约束行政权力等方面发挥了重大作用。审计署持续组织全国各级审计机关，对 31 个省区市、30 多个中央单位开展审计，定期向社会公布审计结果，反映了一批改革任务落实不到位、民政保障政策不落实、“放管服”改革具体措施不衔接、项目或资金管理不善的典型案例，推动大部分问题在审计中得到解决。

第四，开展国务院大督察。从 2014 年起，国务院连续 4 年部署开展高规格、大范围的全国大督察，推动各地区、各部门依法履职。针对重大项目建设拖期、财政资金沉淀、土地闲置、保障房空置、涉企乱收费、挪用扶贫和医保资金等政策落实中存在的突出问题，共问责和处理 2 500 余名责任人。为鼓励地方因地制宜、大胆探索，竞相推动科学发展，对有关重大政策措施真抓实干、取得明显成效的300余个地方予以通报表扬，并在资金、土地、改革先行先试等方面给予优惠政策。这些措施有力地促进了党中央、国务院重大决策部署和政策措施落地生效，政府公信力和执行力显著提升。

（七）全面推进政务公开

阳光是最好的防腐剂。权力只有公开运行，才能防止被滥用。

——习近平

政务公开是加快行政管理体制改革、建设服务型政府的具体体现，全面推进政务公开是推进行政管理体制改革的需要，也是加强对行政权力的监督制约、从源头上防止腐败的需要，更是保障行政决策科学民主、确保政府提供高效便民服务的需要。习近平总书记对政务公开高度重视，明确指出："政务公开是建设法治政府的一项重要制度。要以制度安排把政务公开贯穿政务运行全过程，权力运行到哪里，公开和监督就延伸到哪里。要依法依规明确政务公开内容、标准、方式，加快制定并公开权力清单、责任清单、负面清单。""以公开促落实、以公开促规范、以公开促服务。要创新公开方式，扩大政务公开参与，注重公开实效，让群众看得懂、听得懂、能监督、好参与。"①

2016年2月，中共中央办公厅、国务院办公厅印发《关于全面推进政务公开工作的意见》，对政务公开做出了全面部署和明确规定。意见提出，到2020年，政务公开工作总体迈上新台阶，依法积极稳妥实行政务公开负面清单制度，公开内容覆盖权力运行全流程、政务服务全过程，公开制度化、标准化、信息化水平显著提升，公众参与度高，用政府更加公开透明赢得人民群众更多理解、信任和支持。

意见要求推进政务阳光透明，推进决策公开、执行公开、管理公开、

---

① 习近平．扭住全面深化改革各项目标 落实主体责任拧紧责任螺丝．新华网，2016-01-11.

服务公开、结果公开以及重点领域信息公开。要求扩大政务开放参与，按照促进大数据发展行动纲要的要求，稳步推进政府数据共享开放；加强政策解读，将政策解读与政策制定工作同步考虑，同步安排，充分利用新闻发布会和政策吹风会进行政策解读；扩大公众参与，通过政务公开让公众更大程度参与政策制定、执行和监督；回应社会关切，建立健全政务舆情收集、研判、处置和回应机制，加强重大政务舆情回应督办工作；并强调发挥媒体作用，运用主要新闻媒体及时发布信息、解读政策，引领社会舆论。

意见还要求提升政务公开能力。通过修订政府信息公开条例，依法积极稳妥制定政务公开负面清单，细化明确不予公开范围并及时进行调整更新。意见提出加快推进“互联网＋政务”，构建基于互联网的一体化政务服务体系，强化政府门户网站信息公开第一平台作用，整合政府网站信息资源并加强协调联动，将政府网站打造成更加全面的信息公开平台、更加权威的政策发布解读和舆论引导平台以及更加及时的回应关切和便民服务平台。

在这一文件的规范和指引下，各级行政机关的政务公开工作稳步推进，亮点频现。

六、法治社会建设步伐加快

法律要发挥作用，需要全社会尊法学法守法用法。其中，“尊法”是第一位的。尊法就是要全社会信仰法律，树立法治意识。全社会具备法治意识，是依法治国的基础，也是立法、执法、司法的共同追求。改革开放40年来，经过各方面的持续努力，全社会法治观念明显增强，法治社会建设取得积极进展。

（一）推动全社会树立法治意识

有计划的普法宣传教育是独具中国特色的推动全社会树立法治意识的

方法，收效显著。自1986年开展第一个普法五年规划以来，我国的普法宣传教育几十年来一直不曾间断，现今已至第七个五年规划。经过几十年的不懈努力，人们的法治观念普遍增强，全社会学法、尊法、守法、用法意识明显提高。党的十八大以来，进一步加大了普法宣传教育的力度。

首先，中央有关部门连续出台文件，做出总体部署。如2016年中共中央、国务院转发《中央宣传部、司法部关于在公民中开展法治宣传教育的第七个五年规划（2016—2020年）》，2016年中共中央办公厅、国务院办公厅印发《关于进一步把社会主义核心价值观融入法治建设的指导意见》，2017年中共中央办公厅、国务院办公厅印发《关于实行国家机关“谁执法谁普法”普法责任制的意见》，为推动法治宣传教育做出了顶层设计。

其次，推出一系列具体举措，开展形式多样的普法宣传活动。比如，通过举办普法骨干培训班，成立学法讲师团，加强宣传队伍建设；推动法律进机关、进社区、进家庭、进学校、进企业、进农村，围绕人民群众关心、关注的热点问题，组织相关法律法规的学习宣传教育活动；充分运用“12·4”国家宪法日暨全国法制宣传日和各类媒体，组织开展宣传以宪法为核心的中国特色社会主义法律体系活动，弘扬宪法和法治精神；通过普法教育基地、法制宣传教育公园和普法广场等法治宣传阵地，以纪念日、节日等为契机，开展形式多样的法治宣传活动，提高法制宣传教育效果，等等。

在推动全社会树立法治意识的过程中，社会信用建设取得了重大进展。2016年中共中央办公厅、国务院办公厅印发《关于加快推进失信被执行人信用监督、警示和惩戒机制建设的意见》，进一步推进了社会信用建设。第一，加强社会信用体系建设，完善守法诚信褒奖激励机制和违法失信行为惩戒机制，加大失信被执行人信用监督、威慑和惩戒力度。第二，深入开展道德领域突出问题专项教育和治理，依法惩处公德失范、诚信缺失的违法行为，大力整治突破道德底线、丧失道德良知的现象，弘扬真善美、贬斥假恶丑。第三，激发社会组织活力，加强自我约束、自我管理，发挥好参与社会事务、维护公共利益、救助困难群众、帮教特殊人群、预防违法犯罪的作用。第四，深化政风行风建设，切实纠正行业不正之风。

第五，完善市民公约、乡规民约、学生守则、行业规章、团体章程等社会规范，发挥党和国家功勋荣誉表彰制度的引领作用、礼仪制度的教化作用，使社会治理的过程成为培育和践行社会主义核心价值观的过程。

（二）推进多层次、多领域依法治理

2017 年，中共中央、国务院颁布《关于加强和完善城乡社区治理的意见》，并出台了一系列政策规定，加快了城乡社区治理的法治建设步伐，实现了依法治理对部门行业的全面覆盖，促进了各级政府部门依法行政、严格执法以及社会各行业依法办事、诚信尽责。

在省、市、县、乡各个层面上，积极推动多层次、多领域地方和区域依法治理。

第一，充分发挥各类社会规范的积极作用。完善社会组织管理相关法律法规，构建法律规制、政府监管、社会监督有机结合的监管体系，完善社会组织内部治理结构，提高自我管理、自我约束能力，确保社会组织有序发展、规范运行。同时，除国家法律法规外，市民公约、乡规民约、行业规章、团体章程等多种形式的社会规范，对其效力所及的组织和成员个人具有重要的规范、指引和约束作用，也是治理社会公共事务的重要依据和遵循。多年来，通过推动完善法律法规和一大批市民公约、乡规民约、行业规章、团体章程，逐步形成了多层次、多样化的社会治理规则体系。

第二，充分发挥人民团体和社会组织在法治社会建设中的积极作用。2016 年，中共中央办公厅、国务院办公厅印发了《关于改革社会组织管理制度促进社会组织健康有序发展的意见》，进一步推进政社分开，加快行业协会商会与行政机关脱钩步伐，使之真正成为组织健全、制度完善、权责明确、运行规范的社会主体，发挥行业自律和专业服务功能，为会员和社会公众提供方便快捷的专业化服务，规范和促进行业健康有序发展。在文化领域，2017 年中共中央办公厅、国务院办公厅还印发了《关于加强文化领域行业组织建设的指导意见》，以推动文化领域行业组织健康有序发展。

（三）加强法律服务体系建设

公共法律服务是由司法行政机关统筹提供的，旨在保障公民基本权

利、维护人民群众合法权益、实现社会公平正义和保障人民安居乐业所必需的法律服务。主要包括：为全民提供法律知识普及教育和法治文化活动，为经济困难和特殊案件当事人提供法律援助，开展公益性法律顾问、法律咨询、辩护、代理、公证、司法鉴定等法律服务，预防和化解民间纠纷的人民调解活动，等等。

2015 年中共中央办公厅、国务院办公厅印发《关于完善法律援助制度的意见》，扩大了法律的援助范围，极大地提高了法律援助质量，改善了法律援助便民服务机制。

2016 年司法部发布《全国司法行政工作“十三五”时期发展规划纲要》，2017 年司法部发布《关于推进公共法律服务平台建设的意见》，两个文件都明确要求进一步健全法律服务网络，整合法律服务资源，拓展法律服务领域，提升法律服务质量。

2017 年，《律师法》《公证法》等法律的修订以及司法部《关于进一步加强公证便民利民工作的意见》《基层法律服务工作者管理办法》《司法鉴定程序通则》等规章的颁布，统筹了城乡、区域法律服务资源，拓展了公共法律服务的内容，法律服务体系进一步完善。

此外，2016 年 5 月 20 日，《关于发展涉外法律服务业的意见》由中央全面深化改革领导小组第二十四次会议审议通过，涉外法律服务事业得到了进一步的发展。

（四）健全纠纷化解机制

健全依法维权和化解纠纷机制是党的十八届四中全会决定提出的明确要求。党的十八大以后，纠纷化解机制方面也取得了一些积极进展。

其一，加强行政复议工作。充分发挥行政复议作为加强政府层级监督、有效化解行政争议的重要法律渠道的功能。《法治政府建设实施纲要(2015—2020 年)》明确要求完善行政复议制度，改革行政复议体制，积极探索整合地方行政复议职责；健全行政复议案件审理机制，加大公开听证审理力度，纠正违法或不当行政行为；提高行政复议办案质量，增强行政复议的专业性、透明度和公信力。根据纲要的要求，全国不少省份开展了行政复议体制改革试点工作。目前，立法部门正在加紧修改《行政复议法》。

其二，完善行政调解、行政裁决制度。在以往利用调解解决纠纷的传统做法基础上，不少地方制定了行政调解工作制度，进一步明确行政调解范围，完善行政调解机制，规范行政调解程序。同时，依法开展行政裁决工作，充分发挥行政机关解决同行政管理活动密切相关的民事纠纷功能，及时有效化解矛盾纠纷。

其三，改革信访工作制度。把信访纳入法治化轨道，保障合理合法诉求依照法律规定和程序就能得到合理合法的结果。规范信访工作程序，严格规范信访事项受理、办理、答复、送达、信息录入、督察督办等工作环节，畅通了群众诉求表达、利益协调和权益保障渠道，维护了信访秩序。深入推进诉访分离，严格甄别把关，通过法定途径分类处理信访投诉请求，引导群众在法治框架内解决矛盾纠纷，完善涉法涉诉信访依法终结制度。

（五）深入推进社会治安综合治理，健全落实领导责任制

2015 年，中共中央办公厅、国务院办公厅印发《关于加强社会治安防控体系建设的意见》，要求加强社会治安防控网建设、重点行业治安防控网建设、乡镇（街道）和村（社区）治安防控网建设、机关企事业单位内部安全防控网建设以及信息网络防控网建设。意见的落实大大提高了社会治安防控体系建设的科学技术水平，完善了社会治安防控运行机制、实战指挥机制、部门联动机制、区域协作机制等。

为推进社会治安防控体系建设落到实处，必须严格实行综合治理领导责任制。把社会治安防控体系建设纳入综合治理工作（平安建设）考核评价指标体系，将考核评价结果作为对领导班子和领导干部考核评价的重要内容。坚持采用评估、督导、考核、激励、惩戒等措施，形成正确的激励导向。对社会治安问题突出的地区和单位通过定期通报、约谈、挂牌督办等方式，引导其分析发生重特大案（事）件的主要原因，找准症结，提出解决问题的措施，限期进行整改。对因重视不够、社会治安防范措施不落

实而导致违法犯罪现象严重、治安秩序严重混乱或者发生重特大案（事）件的地区，依法实行一票否决权制，并追究有关领导干部的责任。通过立体化社会治安防控体系的建设，有效防范和化解了管控影响社会安定的问题，极大地保障了人民的生命财产安全。

2018年，中共中央、国务院发出《关于开展扫黑除恶专项斗争的通知》，依法严厉打击涉黑犯罪，充分保护人民群众生命财产安全，维护社会稳定。此外，通过制定修改《食品安全法》《安全生产法》《环境保护法》《网络安全法》等一系列关系国计民生的法律法规，依法强化危害食品药品安全、影响安全生产、损害生态环境、破坏网络安全等重点问题的治理。

七、司法体制改革不断推进

改革开放以来，我国不断深化司法体制改革，从制度上保证司法机关独立公正地行使审判权和检察权。司法体制改革作为我国政治体制改革的重要组成部分，经历了逐步推进、不断深化的过程。深化司法体制改革，建设公正高效权威的社会主义司法制度，“努力让人民群众在每一个司法案件中感受到公平正义”，是党的十八大和十八届三中、四中全会做出的重大部署，也是党对人民做出的郑重承诺。

习近平总书记十分重视司法体制改革，2014年他在中央政法工作会议上的讲话中指出：“司法体制改革是政治体制改革的重要组成部分，对推进国家治理体系和治理能力现代化具有十分重要的意义。要加强领导、协力推动、务求实效，加快建设公正高效权威的社会主义司法制度，更好坚持党的领导、更好发挥我国司法制度的特色、更好促进社会公平正义。”① 党的十八大以来，政法战线坚持正确的改革方向，敢于啃硬骨头、涉险滩、闯难关，做成了想了很多年、讲了很多年但没有做成的改革，司法公

① 习近平出席中央政法工作会议并发表重要讲话．人民日报，2014-01-09．

信力不断提升，对维护社会公平正义发挥了重要作用。

图片来源：最高人民法院网。

（一）完善依法独立公正行使审判权和检察权制度

第一，推动省级以下地方法院、检察院人财物统一管理。各地依托省级平台，以公开、透明、民主方式推进统管工作，彰显司法权的中央事权属性。省级以下地方法院机构编制实行由省级机构编制部门管理为主、高级人民法院协同管理的体制，市县两级机构编制部门不再承担法院机构编制管理工作。目前全国已有18个省（区、市）完成了省以下法院编制统一管理改革。各地建立省级以下地方法院法官统一由省级提名、管理并按法定程序任免的机制。法官助理由省级公务员主管部门会同高级人民法院统一招录。初任法官人选由省一级法官遴选委员会在专业上进行把关，统一由省级提名并按法定程序任免。各地因地制宜探索省级以下地方法院、检察院经费统一管理体制改革，部分省、自治区、直辖市省级以下地方法院、检察院所需经费，由中央和省级列入预算予以全额保障，省级财政部门管理省级以下地方法院、检察院经费，省、市、县三级法院、检察院均为省级政府财政部门的一级预算单位，向省级政府财政部门编报预算，预算资金通过国库集中支付系统拨付。吉林、湖北、广东等23个省份已进行省级财物统管改革。对暂缓实行财物省级统管的地区，按照现行经费保障体制完善保障政策。

第二，最高人民法院设立巡回法庭。最高人民法院分别在深圳市、沈阳市、南京市、郑州市、重庆市、西安市设立了 6 个巡回法庭，审理重大行政案件和跨行政区划民商事案件。作为最高人民法院派驻地方的常设审判机构，巡回法庭做出的判决、裁定、决定，就是最高人民法院的判决、裁定、决定。设立巡回法庭，有利于审判机关审判重心下移、方便群众诉讼、就地解决纠纷，有利于最高法院集中精力制定司法政策和司法解释，审理对统一法律适用有重大指导意义的案件。

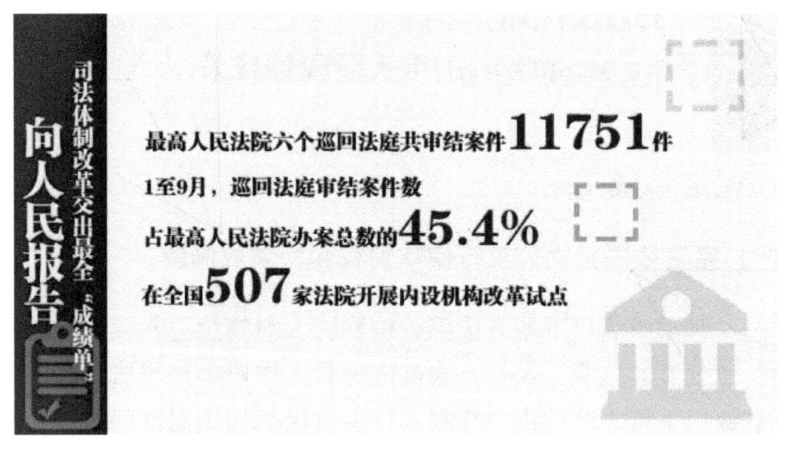

图片来源：最高人民法院网。

第三，设立跨行政区划人民法院、人民检察院。按照《设立跨行政区划人民法院、人民检察院试点方案》，上海、北京在全国率先设立跨行政区划的人民法院和人民检察院，管辖跨地区的重大民商事案件、重大行政案件、重大环境资源保护案件、重大食品药品安全案件、重大职务犯罪案件及关联案件，确保涉及地方利益的案件得到公正处理。设立跨行政区划人民法院、人民检察院，有利于法院、检察院依法独立公正行使审判权和检察权。

第四，推进行政案件跨行政区划集中管辖。各地法院按照中央统一部署，探索建立与行政区划适当分离的行政案件管辖制度，通过提级管辖、异地交叉管辖、相对集中管辖等多种形式，探索各具特色的管辖制度改革，切实解决行政诉讼立案难、审理难、执行难等突出问题。部分高级人民法院以统一指定方式，将部分一审行政案件交给原管辖法院之外的基层人民法院或者中级人民法院管辖，通过依法公正审理各类行政诉讼案件，消除群众对“官官相护”的顾虑。

第五，设立知识产权法院。为进一步强化知识产权司法保护，统一知识产权案件裁判标准，2014 年在北京、上海、广州设立知识产权法院。最高人民法院发布司法解释，确定知识产权法院案件管辖范围，并就知识产权法院法官选任工作、知识产权法院技术调查官参与诉讼活动等提出规范意见。

第六，完善维护司法权威的制度。《刑法修正案（九）》完善了拒不执行判决、裁定罪，增加一档法定刑，并增加单位犯罪的规定；修改了扰乱法庭秩序罪，将殴打诉讼参与人以及侮辱、诽谤、威胁司法工作人员或者诉讼参与人，不听法庭制止等严重扰乱法庭秩序的行为增列为犯罪；增设了虚假诉讼罪，将以捏造的事实提起民事诉讼，妨害司法秩序或者严重侵害他人合法权益的行为增列为犯罪。最高人民法院发布《关于防范和制裁虚假诉讼的指导意见》，指导各地识别虚假诉讼要素，加大审查力度，坚决予以制裁，维护诉讼诚信和秩序。

第七，建立领导干部干预司法活动、插手具体案件处理的记录、通报和责任追究制度。该制度明确规定，对任何领导干部干预司法活动、插手具体案件处理的情况，司法人员都应当全面、如实记录，做到全程留痕，并定期汇总报告同级党委政法委和上级司法机关。司法人员依法如实记录领导干部干预司法活动、插手具体案件处理的情况，受法律保护。2015 年 11 月和 2016 年 2 月，中央政法委两次公开通报 12 起领导干部干预司法活动、插手具体案件处理和司法机关内部人员过问案件的典型案件。制度实施两年多来，不仅为领导干部干预司法活动划定了红线，也增强了司法人员抵御“权力干扰”的勇气。

> 各级党政机关和领导干部要支持法院、检察院依法独立公正行使职权。建立领导干部干预司法活动、插手具体案件处理的记录、通报和责任追究制度。
>
> ——《中共中央关于全面推进依法治国若干重大问题的决定》

第八，健全司法人员依法履行法定职责保护机制。2016 年 7 月，中共中央办公厅、国务院办公厅印发《保护司法人员依法履行法定职责规定》，明确法官、检察官依法办理案件不受行政机关、社会团体和个人的干涉；任何单位或者个人不得要求法官、检察官从事超出法定职责范围的事务；非因法定事由，非经法定程序，不得将法官、检察官调离、免职、辞退或者做出降级、撤职等处分；法官、检察官因依法履职遭受不实举报、诬告陷害、利用信息网络等方式侮辱诽谤，致使名誉受到损害的，人民法院、人民检察院、公安机关应当会同有关部门及时澄清事实，消除不良影响，维护法官、检察官良好声誉，并依法追究相关单位或者个人的责任，为司法人员依法履职创造了良好的制度环境。

（二）完善司法责任制

2015 年 3 月 24 日，习近平总书记主持中央政治局第二十一次集体学习时指出，要紧紧牵住司法责任制这个牛鼻子，凡是进入法官、检察官员额的，要在司法一线办案，对案件质量终身负责。2015 年 8 月 18 日，中央全面深化改革领导小组（以下简称“中央深改组”）审议通过《关于完善人民检察院司法责任制的若干意见》，2016 年 7 月 22 日审议通过《关于建立法官、检察官惩戒制度的意见（试行）》，2017 年 8 月 29 日审议通过《关于加强法官检察官正规化专业化职业化建设 全面落实司法责任制的意见》。党的十八大以来，司法责任制改革全面展开，逐步深入，成就突出。

第一，全面推行法官、检察官员额制改革。截至 2017 年 3 月，司法人员分类管理改革已经在 31 个省、自治区、直辖市、新疆生产建设兵团全面推开，省以下的法院、检察院实现了全覆盖。全国共遴选产生 12 万余名员额法官，8.7 万名员额检察官，法官检察官队伍结构更加合理，85%以上的司法人力资源集中到办案一线，办案力量增加 20%以上。

第二，健全办案组织形式。探索审判团队模式，基层、中级试点法院结合实际，优化人员配置，组建由法官与法官助理、书记员等辅助人员组成的审判团队，制定法官、法官助理、书记员职责清单，形成以法官为核心、团队紧密协作的新型审判工作机制，审判效率较改革前有较大提高。

检察院系统根据履行职能需要、案件类型及复杂难易程度，实行独任检察官或检察官办案组的办案组织形式。办案组织结构扁平化，突出了一线检察官主体地位，落实了检察官责任制，提高了办案质量。

第三，改革司法办案运行机制和司法文书签署机制。最高人民法院出台《关于完善人民法院司法责任制的若干意见》，明确裁判文书由办案法官自行签发，院长、副院长、庭长对未直接参加审理案件的裁判文书不再审核、签发。最高人民检察院出台《关于完善人民检察院司法责任制的若干意见》，要求地方各级检察机关推动司法责任制改革，落实“谁办案谁决定，谁决定谁负责”。各业务庭负责人不再审批案件。除法律规定的情形外，审判委员会不再讨论个案。改革后，一些地方法院直接由独任法官、合议庭裁判的案件比例达 99.9%，提交审判委员会讨论的案件仅占结案总数的 0.1%。各级检察机关由检察长或检察委员会行使的职权从原来的 50 余项减为 10 余项，由检察官独立做出决定的案件由原来的 68%上升到 82%。

第四，推进内设机构改革。以县级法院检察院为重点，坚持扁平化管理和专业化建设相结合，统筹内设机构与办案组织的关系，突出法官检察官办案主体地位，合理划分职责，减少机构层级，强化内部监督；坚持精简效能，内设机构设置严格根据工作需要确定，可设可不设的机构一律不设；坚持内设机构设置重点向业务部门倾斜，人力资源重点向业务部门和办案一线配置，实现机构数量减少，法定的工作程序不减少。全国 1 088 个检察院同步推进内设机构改革，内设机构大幅精简，大批业务骨干回归办案一线，基层检察院 85%以上的人力资源配置到办案一线，办案力量增加 20%以上。

第五，完善管理监督配套机制。试点法院检察院通过健全类案指引、案件质量评估、司法业绩考核、错案责任倒查等机制，并运用信息化手段加强监管，实现了从微观的个案审批、文书签发转向宏观的全院、全员、全过程的案件质效监管。按照“谁办案谁决定，谁决定谁负责”的要求，32 个省级人民检察院制定了辖区内三级人民检察院检察官权力清单，明确检察委员会、检察长（副检察长）、检察官办案事项决定权，实现权责一致，使检察官既成为司法办案的主体，也成为司法责任的主体。各试点法院制定院庭长权责清单，规范院庭长行使审判管理权和审判监督权的方式，院庭长对个案的意见均通过专业法官会议、审判委员会公开提出，在工作平台上全程留痕。最高人民法院取消对各高级人民法院的考核排名，指导高级人民法院取消本地区法院不合理的考核指标，除依照法律规定保留审限内结案率等若干必要的约束性指标外，其他设定的评估指标一律作为统计分析的参考性指标。

第六，改革审判委员会制度、健全检察委员会运行机制。强化审判委员会总结审判经验、统一法律适用、讨论决定审判工作重大事项的指导职能。除法律规定的情形和涉及国家外交、安全和社会稳定的重大复杂案件外，审判委员会主要讨论重大、疑难、复杂案件的法律适用问题。审判委员会评议全程录音、录像，建立健全审判委员会履职考评和内部公示制度，所有参加讨论和表决的委员在审判委员会会议记录上签名。检察委员会讨论决定的案件，主要是本院办理的重大、疑难、复杂案件，涉及国家安全、外交、社会稳定的案件，下一级人民检察院提请复议的案件。表决实行主持人末位表态制。检察委员会会议由专门人员如实记录，并按照规定存档备查。在减少审判委员会、检察委员会讨论案件数量的同时，建立专业法官会议制度、检察官联席会议制度，讨论重大、疑难、复杂案件，形成的意见供合议庭、承办检察官参考。

第七，完善办案质量终身负责制和错案责任倒查问责制。明确法官、检察官应当对其履行审判、检察职责的行为承担责任，在职责范围内对办案质量终身负责，法官、检察官在司法活动中故意违法或者因重大过失造成严重后果的，应当承担司法责任。明确了司法责任豁免的情形及条件。明确法院院庭长、负有监督管理职责的检察人员因故意或者重大过失或不当行使监督管理权应当承担相应的责任。

（三）推进以审判为中心的刑事诉讼制度改革

推进以审判为中心的刑事诉讼制度改革是党的十八届四中全会决定提出的明确要求，也是我国司法制度改革的重点内容。根据党的十八届四中全会精神，最高人民法院、最高人民检察院等相关机构出台了一系列改革措施，取得了突破性进展。

2016年，最高人民法院、最高人民检察院、公安部、国家安全部、司法部联合印发《关于推进以审判为中心的刑事诉讼制度改革的意见》，贯彻罪刑法定、疑罪从无、证据裁判、庭审中心等原则，明确审判程序在刑事诉讼中的中心地位，大力推进庭审实质化，完善对侦查、起诉活动的监督制约机制，从源头上防范刑讯逼供、非法取证等违法行为，保证庭审在查明事实、认定证据、保护诉权、公正裁判中发挥决定性作用，确保侦查、起诉、审判的案件事实经得起法律检验；此外，还联合印发了《关于全面推进以审判为中心的刑事诉讼制度改革的实施意见》；在总结各地改革经验基础上，制定庭审实质化“三项规程”，即《人民法院办理刑事案件庭前会议规程（试行）》《人民法院办理刑事案件排除非法证据规程（试行）》《人民法院办理刑事案件第一审普通程序法庭调查规程（试行）》，并于2018年1月1日起在全国法院试行，全面深入推进以审判为中心的刑事诉讼制度改革。推进司法证明实质化，完善证人、鉴定人、侦查人员出庭作证制度，合理确定并逐步扩大应当出庭作证的证人、鉴定人、侦查人员范围，认真落实出庭作证保障机制，严格实行传闻证据排除规则。积极推进控辩对抗实质化，依法履行指定辩护和通知辩护职责，确保被告人依法获得法律援助，切实提高律师辩护率。积极推进依法裁判实质化，逐步提高当庭宣判率，使当庭宣判逐步成为司法常态。改革以来，证人、鉴定人、侦查人员出庭作证率、刑事辩护率、当庭宣判率明显提升，非法证据排除规则进一步落实，冤假错案的有效防范和及时纠正机制得到强化，背离刑事诉讼规律的错误理念和做法显著减少，回归刑事诉讼活动必须遵循的司法规律。

2017年，最高人民法院、最高人民检察院、公安部、国家安全部、司法部联合印发《关于办理刑事案件严格排除非法证据若干问题的规定》，以“准确惩罚犯罪、切实保障人权、规范司法行为、促进司法公正”为宗旨，重视对刑讯逼供和非法取证的源头预防，强化侦查机关、检察机关、审判机关对非法证据的审查和排除职责，从侦查、起诉、辩护、审判等方面明确非法证据的认定标准和排除程序，切实防范冤假错案产生。

此外，2015 年，最高人民检察院制定印发了《关于加强出庭公诉工作的意见》，发布审查起诉和出庭公诉、刑事抗诉等工作指引，完善介入侦查引导取证机制。改革完善公诉制度，强化公诉在刑事指控中的主导作用，重塑公诉核心职能。着力构建以证据为核心的刑事指控体系，积极构建新型诉侦、诉审、诉辩关系。

（四）强力推进司法公开

第一，推进审判流程公开。全国所有省级法院全部建成辖区内三级法院统一的审判流程信息公开平台，并与中国审判流程信息公开网建立链接，实现了全国审判信息的全面覆盖和统一对接。案件当事人及其诉讼代理人自案件受理之日起，可以凭有效证件号码随时登录查询、下载相关案件的流程信息、材料等，程序性诉讼文书可以通过网络电子送达。

第二，推进庭审活动公开。开通中国庭审公开网，已有 1 389 家地方法院联通。社会公众可以通过该网选择实时观看全国法院正在直播的案件，真正实现了庭审信息的全面覆盖、实时互联和深度公开。截至 2016 年年底，各级人民法院通过互联网直播庭审 43.9 万件，观看量突破 17 亿人次。

第三，推进裁判文书公开。中国裁判文书网公开裁判文书超过 2 680 万份，访问量突破 62 亿人次，成为全球最大的裁判文书网。网上公开裁判文书，晒出了公平正义，也倒逼法官、检察官提升办案质量。

第四，推进执行信息公开。将被执行人信息、全国法院失信被执行人名单、执行案件流程信息、执行裁判文书四项公开信息予以整合，统一纳入中国执行信息公开网。各地法院普遍开通执行信息公开网，实现与中国执行信息公开网的联通对接，数据实时更新。

第五，推进检务公开。最高人民检察院制定并实施《全面推进检务公开工作的意见》。2014 年全面建成并应用四级检察机关统一的案件信息公开系统。2015 年全面部署电子卷宗系统，将纸质案卷材料转换为电子文档，方便律师查阅复制。2016 年全面推进案件信息公开微信平台，主动向当事人及律师推送案件进展情况，实现了从单向宣告到双向互动的转变。

第六，深化狱务公开。2015 年 4 月，司法部出台《关于进一步深化狱务公开的意见》，要求进一步深化狱务公开，提升监狱执法透明度和公信力，提高监狱严格文明执法的程度。

图片来源：最高人民法院网。

（五）全面践行司法为民

其一，全面落实立案登记制度改革。2015 年 5 月，最高人民法院改革法院案件受理制度，将立案审查制改为立案登记制，对人民法院依法应当受理的案件，做到有案必立、有诉必理，有效解决了“立案难”的问题，极大方便了群众诉讼，提高了立案效率，减轻了当事人的诉讼负担。各级人民法院不断巩固立案登记制改革成果，依托信息化手段，提升立案工作效率和便民程度。各地法院普遍简化立案程序，采取立案告知书、一次性补正清单、限时答复等方式，努力保障当事人一次性成功立案。

其二，大力推进人民陪审员制度改革。按照中央深改组审议通过的《人民陪审员制度改革试点方案》，经全国人大常委会授权，在全国 10 个省（区、市）50 个法院启动人民陪审员制度改革试点工作。严格落实人民陪审员“年龄上升、学历下降”“随机抽选产生”的要求，如期完成人民陪审员选任工作，人民陪审员来源更加广泛，结构更加合理。合理确定参审范围，设置参审案件上限数，尝试适用大合议庭审理模式，探索事实审与法律审相分离，细化参审工作流程，逐渐从原来的注重陪审案件“数量”转变为关注陪审案件“质量”，人民陪审员“驻庭陪审”“陪而不审”“审而不议”的问题得到了一定程度改变，参审质量和效果有所提升。

其三，建立检察机关提起公益诉讼制度。针对公共利益受到侵害却得不到有效保护的问题，党的十八届四中全会决定提出探索建立检察机关提起公益诉讼制度。2015 年 7 月以来，北京等 13 个试点省（区、市）检察机关共办理生态环境和资源保护、食品药品安全、国有资产保护、国有土地使用权出让等领域公益诉讼案件 9 053 件。

其四，加强诉讼服务建设。全国 99%的法院建立了诉讼服务大厅，2 200 多个法院开通诉讼服务网，800 多个法院开通诉讼服务手机 App，1 900 多个法院开通 12368 诉讼服务热线。通过各类服务平台，人民群众可以网上立案、网上缴费、在线调解、信息查询、递交材料、网上阅卷、电子送达、联系法官等。为群众提供“一站式”服务的检察服务大厅在全国全面推开，统一整合控告申诉举报接受、来访接待、远程视频接访、案件信息查询、行贿犯罪档案查询、接待律师、律师阅卷、法律咨询、检务宣传、12309 举报电话等功能。

其五，深化涉诉信访改革。各级法院完善诉访分离工作机制，切实解决群众合法合理诉求，维护信访秩序和社会稳定。最高人民法院加强信访信息化建设，集来访接待、来信办理、视频接访、网上申诉、案件评查五大功能在内的涉诉信访大数据平台初步建成，实现了与各高级人民法院的互联互通。最高人民检察院制定《进一步加强新形势下涉法涉诉信访工作的意见》，发布受理控告申诉依法导入法律程序实施办法、控告申诉案件终结办法、司法瑕疵案件处理办法，建立涉法涉诉信访导入、纠错、退出机制，建立检察官以案释法制度，建成四级检察机关全联通的远程视频接访系统。基本实现了老百姓不用赴省进京就能向更高级别的司法机关反映诉求。

其六，推进执行工作体制机制改革。执行问题一直是我国法院工作的老大难问题。2016 年 3 月，最高人民法院提出用两年到三年时间基本解决执行难问题的目标，并推出了一系列举措。比如，在人民法院内部推进审执分离改革，在审判权和执行权相分离的基础上，进一步将执行权分为执行裁判权和执行实施权。各地探索设立执行裁判庭或专门合议庭，统一行使各项执行裁判权，执行实施工作由各级人民法院执行局或执行庭负责，建立上下一体、内外联动、规范高效、反应快捷的执行指挥系统。最高人民法院完善执行网络查控机制，与公安部联合建立快速查询信息共享和网络执行查控协作机制，全国超过 3 100 个法院开通网络执行查控系统。加快推进失信被执行人惩戒机制改革。最高人民法院联合国家发改委、中国人民银行征信中心等 60 多个国家机关和单位搭建失信被执行人信用惩戒网络，将拒不执行判决、裁定的“老赖”信息公布在网络上，限制其出境、招投标和高消费等，形成“一处失信、处处受限”的信用惩戒格局。

其七，健全国家司法救助制度。最高人民法院出台《关于加强和规范人民法院国家司法救助工作的意见》，统一案件受理，统一救助范围，统一救助程序，统一救助标准，统一经费保障，统一资金发放，实现“救助制度法治化、救助案件司法化”。最高人民法院设立司法救助委员会，全国各级人民法院也相继成立司法救助委员会。

（六）加强人权司法保障

第一，预防和纠正冤假错案。中央政法委员会出台《关于切实防止冤假错案的规定》，要求建立健全合议庭、独任法官、检察官、人民警察权责一致的办案责任制，明确冤假错案的标准、纠错启动主体和程序。对于刑讯逼供、暴力取证、隐匿伪造证据等行为，依法严肃查处。检察机关修订《复查刑事申诉案件规定》，完善刑事申诉复查程序，加大权利救济保障力度。对存在较大争议或有较大社会影响的刑事申诉案件，实行公开审查。最高人民法院就健全防范刑事冤假错案工作机制提出指导意见，要求对于定罪证据不足的案件，应当依法宣告被告人无罪，不得降格或者变通做出“留有余地”的判决。党的十八大以来，法院通过审判监督程序纠正聂树斌案、呼格吉勒图案、张文中案等重大刑事冤假错案，提振了全社会对司法公正的信心。

第二，深化刑事速裁改革试点。2014 年 8 月开始，北京等 18 个城市

217 个基层法院、212 个基层检察院开展了为期两年的刑事案件速裁程序改革试点。两年来，适用速裁程序审结刑事案件数占试点法院同期判处一年以下有期徒刑以下刑罚案件的 35.88%，占同期全部刑事案件的 18.48%。10 日内审结的占适用速裁程序审理案件的 92.35%，比简易程序高 65.04 个百分点，当庭宣判率达 96.05%，比简易程序高 41.22 个百分点①。

第三，开展认罪认罚从宽制度改革试点。2016 年 11 月，最高人民法院、最高人民检察院在北京等 18 个地区开展刑事案件认罪认罚从宽制度试点工作。对于犯罪嫌疑人、被告人自愿如实供述自己的罪行，对指控的犯罪事实没有异议，同意量刑建议并签署具结书的案件，坚持根据犯罪的事实、性质、情节和对社会的危害程度，综合考虑认罪认罚的具体情况，依法认定是否从宽及其幅度。

第四，深化量刑规范化改革。2013 年年底，最高人民法院出台《人民法院量刑指导意见》，规范法官量刑裁量权，设置独立的量刑辩论程序，在全国范围内推进量刑规范化工作。2016 年，最高人民法院进一步扩大量刑规范化罪名和刑种试点，将危险驾驶罪等 8 种罪名纳入规范范围，刑种从有期徒刑、拘役扩大到罚金、缓刑，指定部分法院开展试点工作，确保规范量刑、罪刑相适、罚当其罪，试点法院刑罚裁量更加均衡。

第五，修改完善法庭规则。最高人民法院修订《人民法院法庭规则》，进一步强化了人权司法保障，促进法庭更加开放、便民、文明、安全，让法庭成为人民群众感知公平正义的场所。自 2015 年 2 月起，人民法院开庭时，刑事被告人或上诉人不再穿着看守所的识别服出庭受审，正在服刑的罪犯不再穿着监狱的囚服出庭受审，彰显了现代司法文明。

第六，完善保障律师依法履职机制。2015 年 9 月，最高人民法院、最高人民检察院、公安部、国家安全部、司法部联合出台了《关于依法保障律师执业权利的规定》，强调人民法院、人民检察院、公安机关、国家安全机关、司法行政机关应当尊重律师，健全律师执业权利保障制度，依照

① 陈冀平．党的十八大以来法治建设新成就．中国法学会网，2017-12-28.

有关法律规定，在各自职责范围内依法保障律师知情权、申请权、申诉权，以及会见、阅卷、收集证据和发问、质证、辩论等方面的执业权利，不得阻碍律师依法履行辩护、代理职责，不得侵害律师合法权利。进一步明确了各项律师执业权利保障措施，提出了便于律师参与诉讼的措施，完善了律师执业权利保障的救济机制和责任追究机制。最高人民法院、最高人民检察院也分别出台了依法保障律师执业权利的规定。

第七，深化公安执法规范化建设。贯彻中共中央办公厅、国务院办公厅《关于深化公安执法规范化建设的意见》，全面修订《公安机关办理刑事案件程序规定》《公安机关办理行政案件程序规定》《公安机关办理国家赔偿案件程序规定》，出台规范公安机关现场执法视音频记录等一系列制度，修订公安机关执法细则，进一步细化明确执法标准、规范执法行为。推进执法办案场所规范化改造工作，探索建立多警种合成化作战、一站式办案机制，全国公安机关执法办案区规范化改造基本完成，并建成 3 500 多个办案中心。各级公安机关严格落实违法犯罪嫌疑人被带至公安机关后的“四个一律”（一律直接带入办案区、一律先进行人身安全检查、一律有人负责看管、一律有视频监控并记录）要求，确保执法安全，提高执法质量和效率。针对人民群众反映强烈的执法突出问题，会同有关部门开展依法保障律师执业权利、适用逮捕措施等专项调研检查和网上执法巡查。

图片来源：最高人民法院网。

第八，社区矫正工作全面推进。最高人民法院、最高人民检察院、公安部、司法部印发《关于进一步加强社区矫正工作衔接配合管理的意见》，确保社区矫正依法适用、规范运行。深入贯彻落实《关于组织社会力量参与社区矫正工作的意见》，鼓励引导社会力量参与社区矫正工作。目前，全国从事社区矫正工作的社会工作者有 8 万多人，社会志愿者有 67 万多人。

（七）对司法活动的监督明显加强

第一，严格规范减刑、假释、暂予监外执行。2014 年 1 月，中央政法委员会发布《关于严格规范减刑、假释、暂予监外执行 切实防止司法腐败的意见》，对可能出现的司法腐败问题进行制度上的约束。最高人民法院、最高人民检察院、司法部联合开展减刑假释信息化办案平台建设，在 2017 年年底以前，全国监狱与法院、检察院基本建成互联互通的减刑假释信息化办案平台。对执法办案和考核奖惩中的重要事项、重要环节实行网上录入，信息共享，全程留痕，最大限度地减少和防止人为的不规范因素。建立减刑、假释公开审理制度和典型案例定期公布制度。开通全国法院减刑、假释、暂予监外执行信息网。进一步明确减刑、假释的性质、适用要求，统一全国减刑、假释案件裁判标准，促进减刑、假释案件办理的公平公正。

第二，规范涉案财物处置。中共中央办公厅、国务院办公厅印发《关于进一步规范刑事诉讼涉案财物处置工作的意见》，公安部、最高人民检察院、最高人民法院分别做出规定，明确处理涉案财物的标准、范围和程序。探索建立跨部门的地方涉案财物集中管理信息平台，完善涉案财物先行处置程序、审前返还程序，明确利害关系人诉讼权利，完善涉案财物信息公开和权利救济机制，健全责任追究制度，杜绝处理涉案财物过程中的暗箱操作和司法腐败。

第三，加强公安机关受案立案环节源头监控。为避免群众向公安机关报案时公安机关报案不接，接案后不受案、不立案，违法受案立案等问题，2015 年 11 月，公安部出台《关于改革完善受案立案制度的意见》，受立案监督管理主管部门依托信息化手段，对接报案、受立案进行全要素、全流程网上记载，实现对各部门受立案工作的实时监控管理和及时纠错。目前，31 个省级公安机关出台了受案立案改革实施意见，辽宁、上海、江西、湖北、湖南等 18 个省级公安机关增设了案管机构。通过改革，各地公安机关切实加强了对受案立案环节的源头管控，检察机关通知立案数明显下降，反映受案立案问题的信访数明显减少，群众满意度明显上升。

第四，严格规范司法人员业外行为。制定《关于进一步规范司法人员与当事人、律师、特殊关系人、中介组织接触交往行为的若干规定》，禁止司法人员与当事人、律师、特殊关系人、中介组织的 6 种接触交往行为，要求司法人员在案件办理过程中，应当在工作场所、工作时间接待当事人、律师、特殊关系人、中介组织。司法人员从司法机关离任后，不得担任原任职单位办理案件的诉讼代理人或者辩护人。对因违法违纪被开除公职的司法人员，终身禁止从事法律职业。

（八）推进司法信息化建设

第一，完善信息化基础设施建设。推进全国法院“一网通”，2016 年 11 月实现了全国 3 520 家法院、9 277 个法庭和 39 个海事派出法庭全部接入法院专网，为实现人民法院网络全连通、数据全覆盖、业务全开通奠定了坚实基础。目前全国已建成 2 万余个科技法庭、2 160 余套远程讯问系统，全国 98%的法院建成信息化诉讼服务大厅，大屏幕、导视台、查询机和联网电脑等信息化设施得到普遍应用①。

第二，推动各类信息化平台优化升级和深度应用。大力推进“互联网+诉讼服务”建设，拓展网上立案、在线调解、远程庭审、电子送达、网上公开等便民服务。全国 99%的人民法院建成了案件信息管理系统，实现了审判活动主要流程节点信息的网上流转和卷宗的数字化管理，实现了审限预警、进程监控、风险评估、质量评查。检察院系统正在建设覆盖四级检察院的司法办案、检察办公、队伍管理、检务保障、检察决策支持、检务

① 陈冀平. 党的十八大以来法治建设新成就. 中国法学会网，2017-12-28.

公开和服务“六大平台”，实现对检察工作全流程规范化、网络化、智能化管理，实现与有关部门的信息资源共享和实时交换。

第三，积极探索大数据手段提升办案质效、服务司法改革。通过大数据分析、人工智能、云计算、机器学习等多种技术手段，实现信息化、大数据对侦查起诉、审判执行、司法办案、司法管理、司法服务、司法改革等各方面的支撑和保障作用。发挥大数据、人工智能等现代科技手段全程留痕、实时监控的优势，对执法司法流程进行科学再造，在不同政法单位之间完善相互配合、相互制约机制，在各个政法单位内部建立全机关、全员、全过程的宏观监管机制，加强对执法司法权的制约监督，促进了执法司法公正廉洁。

2017年8月18日，杭州互联网法院正式挂牌成立，成为我国首家集中审理涉网案件的法院。互联网法院按照“网上案件网上审”的原则，将涉及网络的案件从现有审判体系中剥离出来，充分依托互联网技术，完成起诉、立案、举证、开庭、裁判、执行全流程在线化，实现便民诉讼，节约司法资源。

八、法治队伍建设不断加强

法治队伍包括法治专门队伍和社会法律服务队伍，两者均是国家治理队伍的重要力量，均处于法治实践的最前沿。其素质如何，直接影响和制约国家治理法治化的进程，影响公平正义的实现。做好立法工作，为国家立规矩、为社会定方圆，需要建设一支具备遵循规律、发扬民主、加强协调、凝聚共识能力的立法工作者队伍；做好执法工作，履行好政府职能、管理好经济社会事务，需要建设一支忠于法律、捍卫法律，严格执法、敢于担当的执法工作者队伍；保证公正司法，为人们定纷止争、化解矛盾，需要建设一支信仰法律、坚守法律，端稳天平、握准法槌，铁面无私、秉公司法的司法工作者队伍；搞好普法和法律服务，引导和帮助公民学法知法、用法守法，需要建设一支弘扬法治精神、恪守职业道德、热心服务群众的社会法律服务者队伍①。

改革开放40年，法治队伍建设的步伐一直没有停止，党的十八大以来，法治队伍的重要性更是被提到了一个新的高度。经过多年的努力，法治队伍建设取得了显著的成就。

（一）法治专门队伍建设成就突出

其一，完善国家统一法律职业资格制度。2015年中共中央办公厅、国务院办公厅颁布《关于完善国家统一法律职业资格制度的意见》，明确了法律职业的范围和取得法律职业资格的条件。在司法考试制度确定的法官、检察官、律师和公证员四类法律职业人员基础上，将部分涉及对公民、法人权利义务的保护和克减，具有准司法性质的法律从业人员纳入法律职业资格考试的范围，包括法律顾问、仲裁员（法律类）及政府部门中从事行政处罚决定审核、行政复议、行政裁决的人员。该《意见》还分别从思想政治、专业学历条件和取得法律职业资格三个方面，明确了法律职业的准入条件。要求建立健全国家统一法律职业资格考试制度，将现行司法考试制度调整为国家统一法律职业资格考试制度，改革法律职业资格考试内容，加强法律职业资格考试科学化、标准化、信息化建设；建立法律职业人员任职前培训制度，统一职前培训的内容和方式，加强职前培训的组织保障；加强法律职业资格管理规范化、制度化建设，建立法律职业资格档案管理和信息发布制度，建立法律职业资格暂停、吊销制度。

其二，加强法院检察院队伍专业化建设。2015年中央组织部、最高人民法院、最高人民检察院印发《关于招录人民法院法官助理、人民检察院检察官助理的意见》，建立从政法专业毕业生中招录法官助理、检察官助理的规范机制。2016年，中共中央办公厅印发《从律师和法学专家中公开选拔立法工作者、法官、检察官办法》，建立从符合条件的律师、法学专家中招录立法工作者、法官、检察官的制度，并规范了相应的原则、条件、程序和要求。这两种制度的建立，对推进人民法院、人民检察院队伍

① 马一德．建设一支德才兼备的高素质法治队伍．红旗文稿，2016（7）．

正规化、专业化、职业化建设，提高司法队伍整体职业素质和专业水平具有重要意义。根据司法队伍的职业特点、职位性质、管理需要，遵循司法规律，建立符合审判、检察人员职业特点的招录机制，对于贯彻公开、平等、竞争、择优原则，坚持德才兼备、以德为先的标准，对艰苦边远地区实行政策倾斜，确保新录用的审判、检察人员具有良好的政治和专业素质都具有重要意义。

其三，加强边疆地区、民族地区法治专门队伍建设。2015 年，最高人民法院、国家民族事务委员会联合印发《关于进一步加强和改进民族地区民汉双语法官培养及培训工作的意见》，着力解决民族地区人民法院双语法官短缺问题，依法保障少数民族公民的基本权利和诉讼权利。

其四，工资制度改革逐步落实。2015 年 9 月，中央深改组审议通过《法官、检察官单独职务序列改革试点方案》，建立了符合职业特点的法治工作人员管理制度，完善了法官、检察官的职业保障体系，建立完善了法官、检察官、人民警察专业职务序列及工资制度。2015 年 12 月，人力资源和社会保障部、财政部出台《法官、检察官工资制度改革试点方案》，明确法官、检察官、司法辅助人员、司法行政人员工资水平分别高于当地其他公务员的相关政策。为推动试点方案的落实，2016 年 7 月，最高人民法院、最高人民检察院配合人力资源和社会保障部、财政部制定《法官、检察官和司法辅助人员工资制度改革试点实施办法》，明确了员额法官及司法辅助人员的工资标准、工资套改及正常晋升办法。为指导全国法院做好绩效考核奖金分配工作，2016 年 9 月，最高人民法院还下发了《法官、审判辅助人员绩效考核及奖金分配指导意见（试行）》。

其五，职务序列改革稳步推进，法官逐级遴选制度正式建立。2016 年 5 月，中央组织部会同最高人民法院、最高人民检察院联合印发《关于建立法官、检察官逐级遴选制度的意见》，明确规定地市级以上人民法院法官、人民检察院检察官通过逐级遴选方式产生，并针对不同层级法院的法官设置不同的任职条件，更加强调法官的审判经验和社会阅历，推动形成法官职业发展的良性循环机制。

其六，法官惩戒制度初步建立。2016 年 10 月，最高人民法院会同最高人民检察院印发《关于建立法官检察官惩戒制度的意见（试行）》，明确规定由省一级法官惩戒委员会负责对法官是否承担司法责任提出建议，提高了惩戒决定的权威性。目前，全国已有14个省（区、市）设立了法官惩戒委员会，明确惩戒委员会人员组成和工作章程。最高人民法院正在研究制定法官惩戒工作办法，进一步加强指导。

（二）社会法律服务队伍建设得到加强

第一，律师队伍建设得到加强。2016年，中共中央办公厅、国务院办公厅印发《关于推行法律顾问制度和公职律师公司律师制度的意见》的通知，要求各级党政机关和人民团体普遍设立公职律师，企业设立公司律师，参与决策论证，提供法律意见，促进依法办事，防范法律风险。意见明确了公职律师、公司律师的法律地位及权利义务，理顺了公职律师、公司律师的管理体制机制，构建了社会律师、公职律师、公司律师等优势互补、结构合理的律师队伍，提高了律师队伍业务素质。2016年修订的《律师执业管理办法》，规范了律师执业行为，监督律师严格遵守职业道德和职业操守，强化准入、退出管理，严格执行违法违规执业惩戒制度，完善了执业保障机制。2016年修订的《律师事务所管理办法》，加强了律师事务所管理。2017年司法部通过《关于进一步加强律师协会建设的意见》，要求充分发挥律师协会的自律作用。

第二，公证员、基层法律服务工作者、人民调解员以及法律服务志愿者队伍建设得到加强。2015年修订的《公证法》，对于公证员的任职条件、权利义务、职业保障、责任承担均做出了明确的规定。2015年中共中央办公厅、国务院办公厅印发了《关于完善法律援助制度的意见》，有力地促进了法律援助以及法律服务志愿者队伍建设。各地还逐渐构建完善了法律志愿服务项目体系，对于积极开展农村、社区法律志愿服务活动以及构建紧急志愿服务体系具有重要意义。2018年，《基层法律服务工作者管理办法》对于基层法律服务工作者的执业条件、执业核准、人员管理、执业的权利和义务、检察监督、法律责任均做出规定，明确了基层法律服务所组织形式，完善了基层法律服务工作者执业核准制度，加强了基层法律服务执业监管，对于坚持基层法律服务工作正确发展方向，提升基层法律服务队伍素质和服务质量，满足人民群众对公共法律服务的需求具有重要意义。此外，2015年，国务院办公厅颁布了《关于加快发展生活性服务业促进消费结构升级的指导意见》，激励法律服务人才跨区域流动机制，逐步解决基层和欠发达地区法律服务资源不足和高端人才匮乏的问题。

（三）法治人才培养机制不断创新

2011年12月，教育部、中央政法委员会联合发布《关于实施卓越法律人才教育培养计划的若干意见》，坚持“宽口径、厚基础、提能力、多样化、强协同”，创新法治人才培养模式，提出通过探索“高校-实务部门联合培养”等机制培养应用型、复合型法律职业人才。2012年7月，最高人民法院发布《关于建立人民法院与法学院校双向交流机制的指导意见》，提出建立人民法院与法学院校双向交流机制，并于2012年年底确定6名专家学者到最高人民法院内设机构挂职。2013年7月，教育部、中央政法委员会、最高人民法院等政法部门联合印发《关于实施高等学校与法律实务部门人员互聘“双千计划”的通知》，在高校和政法系统间实施千人的法律人才互聘计划。党的十八届四中全会后，为贯彻中央有关精神，在第一批6名挂职专家学者任职期满后，最高人民法院随即启动第二批专家学者交流挂职工作。挂职制度健全了政法部门和法学院校、法学研究机构人员双向交流机制，有利于打造一支政治立场坚定、理论功底深厚、熟悉中国国情的高水平法学家和专家团队，建设高素质学术带头人、骨干教师、专兼职教师队伍，实现法院与法学院校、研究机构“双赢”。

九、依法治国与依规治党协调推进

治国必先治党，治党务必从严，从严必须依规。党内法规与国家法律一样，都是中国特色社会主义法治体系的重要组成部分。改革开放以来，特别是党的十八大以来，在理解依法治国与依规治党的辩证关系、深入探索依法治国和依规治党统筹推进的路径上，形成了许多深刻的理论成果和实践成果。

（一）正确理解依法治国与依规治党的关系

经过长期的实践，我们党深刻认识到，在实现国家治理体系和治理能力现代化过程中，必须坚持依法治国和依规治党协调推进，依法治国与依规治党是相辅相成、相互促进的关系。一方面，依规治党是依法治国的重要保障。通过依规治党，可以提升党的建设和党的工作的制度化、规范化、程序化水平，确保党始终保持先进性和纯洁性；可以明确中国特色社会主义法治体系建设的路径和方向，为依法治国提供价值引领；可以确保各级党组织和全体党员不仅模范遵守宪法法律，而且按照党规党纪以更高标准严格要求自己，在社会上形成自觉遵纪守法的示范效应，为依法治国提供良好示范和有利氛围①。另一方面，依法治国是依规治党的重要依托。通过全面依法治国，在全社会弘扬社会主义法治精神，推动全社会尊法学法守法用法，为依规治党提供思想上的基础；通过全面依法治国，实现科学立法、严格执法、公正司法、全民守法，为党内法规的制定、实施、监督、保障等提供方法上的借鉴；通过依法治国，用宪法法律明确党对一切工作的领导，坚持依法治国、依法执政、依法行政共同推进，坚持法治国家、法治政府、法治社会一体建设，加强和改善党的领导，为依规治党提供制度上的保障。

过去对法治体系的研究和探讨基本上只限于国家法律规范层面，极少将党内法规问题纳入其中，而全面依法治国则要求将党内法规体系的完善作为整个法治体系建设的一部分②。党的十八届四中全会决定明确指出，建设中国特色社会主义法治体系，既要形成完备的法律规范体系，也要形成完善的党内法规体系，将依规治党纳入全面推进依法治国的总目标中。党的十九大报告指出，要坚持“依法治国和依规治党有机统一”，并将之作为新时代坚持和发展中国特色社会主义基本方略的重要内容。这是坚持

① 王岐山．治国必先治党，治党务必从严．人民网，2014-10-25.

② 胡明．用中国特色社会主义法治理论引领法治体系建设．中国法学，2018（3）.

党的领导的逻辑推导的必然结果，也是创新发展中国特色社会主义法治理论的重要成果。

（二）国家法律与党内法规相互促进、相互保障

国家法律是对全体公民的要求，党内法规是对全体党员的要求。虽然适用对象不同、调整范围不同，但两者相辅相成、相互促进、相互保障。除了上文所述的依规治党是依法治国的重要保障、依法治国是依规治党的重要依托外，两者的相辅相成关系还体现在以下两方面：一是党内法规在一定条件下可以转化为国家法律。根据形势的发展变化，党中央会认真分析党的政策和措施，研究哪些可以继续由党内法规来规定，哪些可以转化为国家法律，并适时地将经过实践检验的、比较成熟的、可以转化为国家法律的党内法规，通过法定程序向人大或政府提出立法建议，及时上升为国家法律和国家意志。二是党内法规不得与国家法律相抵触。《宪法》明确规定："全国各族人民、一切国家机关和武装力量、各政党和各社会团体、各企业事业组织、都必须以宪法为根本的活动准则。"《中国共产党党内法规制定条例》明确规定：党必须在宪法和法律范围内活动，不得与国家法律相抵触，坚持遵循宪法和法律确立的指导思想、基本原则，保证党内法规体现党章和宪法精神要求。

（三）建立依法治国与依规治党统筹协调机制

为了保证国家法律与党内法规相互促进、相互协调，我国还建立了依法治国与依规治党统筹协调体制机制，加强党内法规工作部门与人大法规部门、政府法制部门的工作联系，通过建立定期交流、沟通、协调等工作机制，解决党内法规制定与国家立法工作中需要双方协作和配合的重要问题，共同开展对党内法规和国家法律双重调整重大问题的立法调研和论证，明确党内法规与国家法律在调整党政机关公共权力行使、规范党政领导干部从政行为、推进党风廉政建设等方面的责任和分工。

（四）宪法修改与党章修改协调一致

宪法是国家的根本法，党章是最大的党内法规。宪法和党章并行不

悖，相互支持，二者统一的政治基础是党的领导。全面从严治党，必须积极推进以宪法为核心的法律规范体系建设和以党章为核心的党内法规体系建设，实现依法治党和依规治党相结合。这是实现国家治理体系和治理能力现代化的必然要求，也是政党现代化的必然要求①。因此，从理论上说，宪法修改与党章修改应该是联动的、协调的、统一的。

实践上，宪法修改与党章修改也是前后联动进行的。如1997年党的十五大通过了党章修正案，确立邓小平理论为党的指导思想，修改后的党章总纲规定："中国共产党以马克思列宁主义、毛泽东思想、邓小平理论作为自己的行动指南。"1999年九届全国人大第二次会议通过了宪法修正案，在宪法序言部分增加了"邓小平思想"。2002年，随着"三个代表"重要思想进入党章，2004年宪法修正案也增加了相应内容。2017年10月24日，党的十九大通过的新党章在党的行动指南上增加了"习近平新时代中国特色社会主义思想"，2018年十三届全国人大一次会议审议通过的《宪法修正案》，在其序言部分也增加了同样的内容。

(五) 国家法律和党内法规立改废释常态化

在发展完善中国特色社会主义法律体系的同时，党也加快推进党内法规体系建设；在推动法律立改废释的同时，党内法规的立改废释也不断推进。

首先，全面清理党内法规。2013年8月，中共中央发布《关于废止和宣布失效一批党内法规和规范性文件的决定》，完成我们党历史上对党内法规和规范性文件的第一次全面系统清理。清理的范围包括1978年至2012年6月中央制定的所有767件法规和规范性文件。到2014年年底，党中央部署完成了对第二阶段清理范围即新中国成立至1977年期间中共中央制定的411件党内法规和规范性文件的清理工作。至此，党中央系统全面清理了新中国成立至2012年6月期间中央出台的全部文件，共清理党内法规和规范性文件1 178件，其中322件在清理中被废止、369件被宣布失

① 李树忠. 宪法与党章的关系（摘编）. 中国法学会网，2017-04-14.

效，二者合计占到58.7%。制度体系大大“瘦身”，守纪执纪更具操作性。党内法规清理是加强党内法规制度建设的前提，也是党内法规制度建设迈向科学化、规范化的关键。通过本轮清理，全面掌握了党内法规制度建设的基本数据，对客观评估党内法规制度建设和发展现状提供了客观依据①。

其次，完善党内法规制度体系。在清理的基础上，党中央颁布了一系列党内法规，管党治党的篱笆越扎越紧。一批重要的基础性党内法规构成党内法规制度体系的主干，形成了党内法规制度建设的基本框架。2013年5月，《中国共产党党内法规制定条例》和《中国共产党党内法规和规范性文件备案规定》发布，中国共产党首次拥有正式的党内“立法法”，为党内法规制度体系建设提供了基本依据和规范。2015年8月，中共中央颁布《中国共产党巡视工作条例》，成为党内法规制度建设的第一个主干制度。新修订的巡视条例及时将十八大以来党中央巡视工作方针和实践经验以法规制度形式确定下来，一体贯彻落实。其中最大亮点在于以党内法规的形式明确提出落实全面从严治党“两个责任”的要求。2015年10月，中共中央政治局审议通过《中国共产党廉洁自律准则》和《中国共产党纪律处分条例》，两部法规坚持依规治党和以德治党相结合，分别以正面倡导和负面清单形式向全党提出高标准和守底线的要求，是对党章规定的具体化。2016年7月，中共中央政治局审议通过《中国共产党问责条例》，这是第一部规范党的问责工作的基础性法规，为全面从严治党提供了新的制度利器。习近平总书记强调，动员千遍不如问责一次。问责条例明确责任追究范围，把责任压给各级党组织，分解到党的工作部门，释放有责必问、问责必严的强烈政治信号。2016年10月，党的十八届六中全会审议通过《关于新形势下党内政治生活的若干准则》和《中国共产党党内监督条例》，这两部法规继承和发扬了党在长期实践中形成的优良传统和基本规范，同时结合新的形势和任务，与时俱进地制定了新的规定，全面提高了党内政治生活和党内监督的制度化、规范化、程序化水平。2017年1月，十八届中央纪委七次全会审议通过《中国共产党纪律检查机关监督执

① 肖金明．论党内法治体系的基本构成．中共中央党校学报，2016（6）．

纪工作规则（试行）》，全面梳理整合监督执纪相关制度，把纪委的权力关进了制度的笼子里①。

（六）扩大党政“共同立法”的范围

中国共产党是领导党也是执政党，在国家治理、改革发展中发挥着领导和监督作用。鉴于很多党务同时也是政务，很多党规采取了党、政联合发文的形式，形成了党内法规与国家法律互联互通的局面。迄今为止，中共中央和国务院、中共中央办公厅和国务院办公厅联合发布了数量众多的文件，内容涉及机构建设与管理、党政人员管理、反对腐败、环境保护、安全生产、食品安全、教育发展、卫生发展、水利发展、发展改革、司法改革诸多方面。

回首改革开放 40 年，法治正在成为 13 亿多人民的共同信仰，社会主义法治建设已经迈上新的征程。展望未来，在以习近平同志为核心的党中央的坚强领导下，在党的十九大精神指引下，法治建设必将进一步深化和提速，为建设社会主义现代化强国、实现中华民族伟大复兴的中国梦汇聚起更加磅礴的力量。

① 刘金程. 十八大以来党内法规制度建设成效显著. 人民论坛网，2017-09-07.

第三章　法治建设的基本原则和宝贵经验

从中国法治建设的历程中可以看出，改革开放之前，新中国的法治建设从无到有，取得了较大成绩，也经历了严重的挫折；有过惨痛教训，但在民主与法治、政策与法律、传统与现代、外来和本土等矛盾及处理方面也积累了大量的经验。改革开放之后，中国走上了民主法治恢复发展的新征程，中国的法治建设呈现出蓬勃向上的新风貌。

1978 年，党的十一届三中全会召开，提出“为了保障人民民主，必须加强社会主义法制”，以及“有法可依，有法必依，执法必严，违法必究”十六字法制建设指导方针；1982 年，新中国第四部《宪法》通过；1997 年，党的十五大确立了“依法治国、建设社会主义法治国家”基本方略；2004 年，人权入宪；2012 年，党的十八大提出了“全面推进依法治国”、建设“法治中国”的战略目标；2014 年，党的十八届四中全会在党的历史上第一次以法治为主题召开全会并做出专门决定，把“建设中国特色社会主义法治体系，建设社会主义法治国家”确定为全面依法治国的总目标，并围绕该目标进行了一系列的战略部署；2017 年党的十九大再次强调，全面推进依法治国是中国特色社会主义的本质要求和重要保障，并成立了中央全面依法治国领导小组。

经过近 70 载特别是改革开放 40 年的孜孜以求和不懈努力，社会主义法治体系终于矗立在神州大地上。抚今追昔，在依法治国、推进法治中国的建设中，我们获得了许多宝贵的经验。概而言之，可以总结为以下六条原则，这些原则也将继续指导中国特色社会主义的法治建设。

一、坚持以马克思主义法治理论和中国特色社会主义法治理论为指导

没有正确的法治理论引领，就不可能有正确的法治实践。

——习近平

纵观中国法治建设进程，我们得出的首要原则和基本经验就是，法治中国建设必须坚持以马克思主义法治理论为指导。同时，全面推进依法治国，还必须发展中国特色社会主义法治理论，以中国特色社会主义法治理论为引领。马克思主义法治理论和中国特色社会主义法治理论确保中国法治实践的正确方向，为中国法治建设提供不竭的精神动力和智力支持。

（一）马克思主义法治理论

马克思主义法治理论是马克思主义理论的重要组成部分。马克思主义法治理论主要指马克思主义创始人依据辩证唯物主义和历史唯物主义思想方法，就法的概念、本质、产生发展规律、价值指向和作用等问题加以阐释的一套核心观念和知识体系。中国特色社会主义实践依赖马克思主义科学社会主义理论的指导，中国特色社会主义法治建设实践也有赖于马克思主义法治理论的指导①。

马克思主义法治理论主要包含马克思、恩格斯等人的法治思想。尽管在他们的著述中找不到“社会主义法治理念”一词，他们也未曾直接论及

① 张恒山. 中国特色社会主义法治建设的理论基础. 法制与社会发展，2016（1）.

或完整论及社会主义法治理念的主要内容（如依法治国、执法为民、公平正义、服务大局、坚持党的领导等），但他们的法治思想与社会主义法治理念保持着内在联系，并构成了社会主义法治理念的思想先导，是马克思主义法治思想的核心和精髓。

从马克思主义法治理论的内容和特点上看，马克思主义法治理论既具有批判性，又具有建构性，是两者的统一。

首先，马克思主义法治理论具有批判性。马克思和恩格斯通过对资本主义发展历史、现实状况、上层建筑与经济基础的研究，形成了系统而完整的关于法的概念的理论。他们认为，法是由一定物质生活条件所决定的统治阶级意志的体现，它是一种上升为国家意志的特殊行为规范和价值判断体系，作为上层建筑的重要组成部分，它通过国家强制力而加以保障和实施。第一，法的产生、发展及其内容由一定的物质生活条件所决定，这是唯物主义在法领域的体现。第二，法是统治阶级意志的集中体现。法作为一种行为规范，不是自然而然的，而是统治阶级的整体意志和根本利益的体现。第三，法是上升为国家意志的统治阶级的意志。在指出了法的本质之后，马克思和恩格斯以历史唯物主义为依据，揭示了法的历史运动的一般规律。

由此，马克思和恩格斯号召无产阶级联合起来，鼓舞工人阶级打破资产阶级的政治法律统治。无产阶级夺取政权，建立起社会主义公有制，也随之建立起社会主义类型的法。他们认为，社会主义法是人类历史上最高类型的法。在社会主义社会，物质资料极大丰富，生产力极大提高，阶级差别将不复存在，法也将随着国家的消亡而最终消亡，在那个时候，每个人将得到全面而自由的发展。之后，列宁在领导俄国革命和建设的具体实践中，继承和发展了马克思、恩格斯的法学思想，他对法的产生、法的本质、建立革命法制的必要性、革命法制的性质和特点、守法的必要性，以及革命司法机关的性质、任务和活动原则等法学基本理论问题，进行了全面论述；对资产阶级法律、法院和法学进行了深入分析、批判①。

---

① 谷春德. 中国特色社会主义法治理论与实践研究. 北京：中国人民大学出版社，2017：16.

马克思主义法治理论的批判性与马克思主义者当时所处的时代息息相关。马克思主义理论形成于19世纪中期，这是一个革命风起云涌的时代，社会矛盾加剧、人民饱受压迫。而19世纪前期、中期的资本主义法律制度却披着“赋予社会中所有人平等的权利”的面纱，强调以所谓的个人权利至上为首要原则，但实际上并不平等，它是资产阶级压迫工人、劳动者，榨取剩余价值的工具。马克思一针见血地指出了其本质，在这样的情形下，打破旧法并建立新的、公平正义的法就是合理正义的。

其次，马克思主义法治理论具有建构性。在批判资本主义法律制度表面上平等、公正而实质上不平等、不公正的基础上，马克思主义创始人还预见性地提出了对社会主义社会建设有指导意义的法律制度原则，它们包括：普遍自由原则、从形式平等到实质平等原则、人民主权原则、约束国家权力原则，等等①。

在论及国家权力时，马克思坚定地支持人民主权原则。马克思从人民主权出发，深刻地批判了“君主主权”的思想，他说：“人民主权不是凭借君王产生的，君王倒是凭借人民主权产生的。”② 人民是主权者，其权力固然集中体现在立法权上，但是立法权并不是唯一体现，政治自由等诸多方面也体现着人民主权。马克思认为，法律不是压制自由的措施；法律是关于自由的肯定的、明确的、普遍的规范。法典是人民自由的圣经。只有当人的实际行为不再服从所遵循的自由理性规律时，法律才作为命令起到预防作用。马克思指出，法律在人的生活即自由的生活面前是退让的。人不是在健康的时候，而只是在生病的时候才去找医生③。

作为通过革命取得政权的无产阶级政党——中国共产党，也必然要通过法律来治国理政，发挥国家治理和社会管理两大职能，实现党、国家和人民三者意志相统一，即要“依法治国”。同时，党还要求通过革命创造新的法律并能得到绝对承认，即党对法治的领导。显然，这就从思想源头

---

① 张恒山．中国特色社会主义法治建设的理论基础．法制与社会发展，2016（1）．

② 马克思，恩格斯．马克思恩格斯全集：第3卷．2版．北京：人民出版社，2002：37．

③ 候廷智，邰丽华．马克思主义法学思想理论及其现实意义．北京：首都经济贸易大学出版社，2011：131．

上揭示了社会主义法治理念中的两大要素——“依法治国”和“党的领导”之必要。

此外，马克思主义法治理论还深刻地论述了社会主义法（治）的优越性，阐释了社会主义法治的各项基本原则和特点，为后来社会主义国家的法治建设指明了道路和方向。

总之，马克思主义法治理论是中国进行社会主义法治建设的理论基础和源头活水。

（二）中国特色社会主义法治理论

中国特色社会主义法治理论是建设中国特色社会主义法治体系的理论基础。体系建设，理论先行。任何一种理论都不是凭空造出来的，一种成功的理论应该是历史的结晶、外部的借鉴、实践的总结，中国特色社会主义法治理论也不例外。

从理论来源来说，中国特色社会主义法治来源于以下三个方面：

第一，马克思主义法治理论。毫无疑问，中国特色社会主义法治理论是马克思主义法治理论基本原理与中国法治实践相结合的产物，是马克思主义法治理论中国化的最新成果。马克思、恩格斯、列宁等人围绕法的本质及其发展规律、法的功能与价值以及有关社会主义法治的基本设想，提出一系列丰富而深刻的理论观点，是社会主义法治理念极为宝贵的思想先导，对于指导中国特色社会主义法治建设具有永久性的指导意义①。另外，马克思主义法治理论关于法律与自由、国家权力与个人权利的论述，也为中国特色社会主义法治理论所吸收。

第二，西方法治思想理论。现代法治肇始于西方资本主义社会，有许多理念、原则和方法，反映了人类法治文明发展的一般规律，诸如依法而治、法治国家、法治政府、权力制约、人权至上、财产权神圣、税收法定、法律面前人人平等、契约自由、罪刑法定、疑罪从无、非法证据排除、正当程序、“法无禁止则自由”等②。中国特色社会主义法治理论吸收

① 张恒山．中国特色社会主义法治建设的理论基础．法制与社会发展，2016（1）．

② 王乐泉．坚持和发展中国特色社会主义法治理论．中国法学，2015（5）．

这些“法治理论成果”，并对它们进行合理的改造、借鉴和吸收，通过法治实践，发展出比资本主义法治更高的文明形态。

第三，中国本土的法治理论。它包含两个方面的内容：一是中国传统的法治文明。中华法制文明源远流长，它的一些理念具有超越时空的力量，放之于今也熠熠生辉。中国特色社会主义法治理论通过对中华传统法律文化的去粗取精、扬弃吸收，实现了民族精神与时代精神的融合。二是基于新中国法治建设尤其是改革开放以来的法治进程而产生的具有中国特色的社会主义法治理论。它是由中国的马克思主义思想家在继承马克思主义法治理论基本原理的基础上，针对中国特色社会主义法治建设实践所面临的各种问题进行思考和探索而形成的理论成果。中国特色社会主义法治建设是在中国本土进行的伟大法治实践，中国特有的政治、经济、历史、文化、社会条件对中国法治建设提出了特别的要求。为满足这些特别要求，共产党人需要在中国法治实践的基础上不断总结经验并将其上升为理论，再将这一理论运用于中国法治实践。当代中国本土社会主义法治理论既与马克思主义创始人法学理论有理论上的渊源关系，是一脉相承的，又因为它独立地回答了中国特色社会主义法治建设实践所面临的问题并形成了自有的理论框架，而成为一套有着自身特点的法治理论①。这是中国特色社会主义法治理论的主体内容。

中国特色社会主义法治理论并不仅仅是这三种资源的简单相加，它是一个“活”的理论。它是在中国当代法治实践建设中逐渐成长、成熟的本土法治理论，是对中国法治实践的理论表达。中国特色社会主义法治理论最鲜明的特点就是它的实践性。它立足于当代中国法治建设的实践，是对中国法治实践过程、实践经验的理论概括。它指导法治实践，回答法治实践提出的问题，接受法治实践的检验，并在法治实践中与时俱进。中国特色社会主义法治理论系统地总结了改革开放以来我国社会主义法治建设的实践经验，并在此基础上进行理论概括、理论诠释、理论创新，从而形成了反映社会主义法治建设内在规律的科学体系。它凝聚着法治的中国经

① 张恒山. 中国特色社会主义法治建设的理论基础. 法制与社会发展，2016 (1).

验，饱含着法治的中国元素，彰显了法治的中国精神，描绘了法治的中国道路[①]。

关于中国特色社会主义法治理论的具体内容，学界论述不一。如果从主体出发，按时间划分可将其分为：毛泽东法制思想、邓小平法制理论、江泽民法治理论、胡锦涛法治理论和习近平全面依法治国新理念新思想新战略。毛泽东法制思想的主要内容是人民民主专政理论、宪法理论、民主与法制理论等。邓小平法制理论包括社会主义法制建设的基本方针——“有法可依，有法必依，执法必严，违法必究”，这十六字方针成为我国改革开放新时期法制建设的指导方针，推动了我国法制建设。邓小平法制理论的确立，标志着中国经历长期的摸索逐渐找到了一条富有中国特色的法治之路，这也是中国特色社会主义法治观开始形成的标志。江泽民法治理论中最为关键的就是“坚持和实施依法治国”，将依法治国载入宪法，并明确提出依法治国与以德治国相结合。从法制到法治，尽管只有一字之差，但其实是一次伟大的观念变革，反映了治国方略的质的飞跃，标志着中国不仅要加强法律制度的建设，而且要从治国方式上彻底摒弃“人治”，坚定不移地沿着法治之路前进。胡锦涛法治理论的核心是以人为本的科学发展观与法治。一方面，科学发展观指导社会主义法治建设，它确定了我国法治建设的政治方向、原则和基本任务；另一方面，科学发展观所包含的“第一要义是发展，核心是以人为本，基本要求是全面协调可持续，根本方法是统筹兼顾”等内容，又必须通过制度化、法律化的途径和方式，保证其得以全面实施贯彻。科学发展观还强调加强和改进立法工作，进一步提高立法质量；加强宪法和法律实施，维护社会主义法制的统一、尊严、权威；加强对执法活动的监督，深入开展普法教育，弘扬法治精神，等等。

习近平全面依法治国新理念新思想新战略是对过去中国法治实践经验的历史总结，是对马克思主义法治理论的继承和发展，是中国法治理论的集大成者。习近平全面依法治国新理念新思想新战略的核心是建设

① 王乐泉．坚持和发展中国特色社会主义法治理论．中国法学，2015（5）．

“法治中国”，总目标是建设中国特色社会主义法治体系，建设社会主义法治国家。具体说，就是在中国共产党领导下，坚持中国特色社会主义制度，贯彻中国特色社会主义法治理论，形成完备的法律规范体系、高效的法治实施体系、严密的法治监督体系、有力的法治保障体系，形成完善的党内法规体系，坚持依法治国、依法执政、依法行政共同推进，坚持法治国家、法治政府、法治社会一体建设，实现科学立法、严格执法、公正司法、全民守法，促进国家治理体系和治理能力现代化。

还有学者将中国特色社会主义法治理论定义为：“是一套包括法治指导思想、法治的本质特征、法治建设总目标、法治的根本价值、法治基本原则，以及法治的推进方式等内容在内的科学的法治理论体系。”并指出，法治的指导思想、本质特征、总体目标和法治推进方式等是其最基本的命题①。

也有学者从内容方面把中国特色社会主义法治理论分为：社会主义民主制度化、法律化、程序化理论，依法治国、建设社会主义法治国家理论，党的领导、人民当家作主、依法治国有机统一理论，党的领导与法律权威的党法关系理论，中国特色社会主义法治体系理论，等等②。

中国特色社会主义法治理论是中国特色社会主义法治体系的理论指导和学理支撑，是全面推进依法治国的行动指南。建设法治中国，必须坚持中国特色社会主义法治理论的指导。

二、坚持中国共产党对法治建设的领导

《宪法》第一条第二款：“社会主义制度是中华人民共和国的根本制度。中国共产党领导是中国特色社会主义最本质的特征。”

---

① 胡明. 用中国特色社会主义法治理论引领法治体系建设. 中国法学，2018（3）.

② 冯玉军. 法治中国：中西比较与道路模式. 北京：北京师范大学出版社，2017：76-82；谷春德. 中国特色社会主义法治理论与实践研究. 北京：中国人民大学出版社，2017：16-58.

坚持党的领导、人民当家作主、依法治国有机统一，是我国法治的本质特征。其中，最根本的就是坚持党的领导。从改革开放以来我国法治建设的发展历程可以看出，中国的法治建设之所以取得巨大的成就，最根本的原因就是始终坚持党在全面依法治国中总揽全局、协调各方的领导核心地位，把党的领导贯彻落实到全面依法治国的全过程和各方面。特别是党的十八大以来，以习近平同志为核心的党中央统一领导、统一部署、统筹推进，切实健全党领导依法治国的体制、机制和制度，有力强化了对全面依法治国方针政策和决策部署的贯彻落实，实现了法治中国建设的跨越式发展，取得了举世瞩目的辉煌成就。

（一）坚持党的领导是社会主义法治建设的一条基本经验

> 党的领导是中国特色社会主义最本质的特征，是社会主义法治最根本的保证。把党的领导贯彻到依法治国全过程和各方面，是我国社会主义法治建设的一条基本经验。……坚持党的领导，是社会主义法治的根本要求，是党和国家的根本所在、命脉所在，是全国各族人民的利益所系、幸福所系，是全面推进依法治国的题中应有之义。
>
> ——《中共中央关于全面推进依法治国若干重大问题的决定》

在中国，坚持中国共产党的领导，是中国人民经过长期实践做出的历史和现实的选择。中国共产党处于领导地位是中国法治建设的基本政治背景。

在中国的法治实践中，党一直是先行者、领路人，它勇于探索、积极实践、敢于承认错误、认真总结经验，引领着中国的法治建设。全面推进依法治国，是我们党深刻总结我国社会主义法治建设成功经验和深刻教训做出的重大抉择。习近平总书记对此有精辟的总结，他指出："我们党对依法治国问题的认识经历了一个不断深化的过程。新中国成立初期，我们党在废除旧法统的同时，积极运用新民主主义革命时期根据地法制建设的成功经验，抓紧建设社会主义法治，初步奠定了社会主义法治的基础。后来，党在指导思想上发生'左'的错误，逐渐对法制不那么重视了，特别是'文化大革命'十年内乱使法制遭到严重破坏，付出了沉重代价，教训十分惨痛！党的十一届三中全会以来，我们党把依法治国确定为党领导人民治理国家的基本方略，把依法执政确定为党治国理政的基本方式，始终把法治放在党和国家工作大局中来考虑、来谋划、来推进，依法治国取得重大成就。”① 党的十八届四中全会提出了全面推进依法治国总目标，这是我们党的治国理政思想的重大创新，标志着我们党对法治发展规律、社会主义建设规律和共产党执政规律的认识达到了一个新的高度。全面依法治国，要求我们依宪治国、依宪执政，这不是要否定和放弃党的领导，而是强调党领导人民制定宪法和法律，党领导人民执行宪法和法律，党自身必须在宪法和法律范围内活动。我国宪法以根本法的形式反映了党带领人民进行革命、建设、改革取得的成果，确立了在历史和人民选择中形成的党的领导地位，规定了中国共产党领导是中国特色社会主义最本质的特征。作为我国社会主义法治建设的一条基本经验，中国共产党在社会主义法治建设中的领导地位，得到了宪法的确认。

（二）党的领导与社会主义法治具有内在统一性

首先，社会主义法治必须坚持党的领导。党的领导是中国特色社会主义最本质的特征，是社会主义法治最根本的保证。马克思主义的意识形态在社会主义法治建设进程中，表现为对无产阶级专政的法治化保障，这是社会主义国家的本质，而无产阶级专政的法治化又集中体现在作为工人阶级先锋队的共产党对法治国家建设的领导上，在中国即体现为中国共产党对“法治中国”建设的领导，这是“法治中国”的社会主义性质的首要表现。也就是说，“法治中国”最本质的特征就在于党的领导，坚持党对“法治中国”建设的领导是社会主义法治意识形态的中枢所在。

社会主义法治之所以必须要坚持党的领导，是因为党的领导决定社会主义法治的正确方向，是社会主义法治建设的坚强政治保证。我国是工人阶级领导的、以工农联盟为基础的人民民主专政的社会主义国家。党是工人阶级的先锋队，是中华民族的先锋队，全心全意为人民服务是其宗旨。

① 中共中央文献研究室. 习近平关于全面依法治国论述摘编. 北京：中央文献出版社，2015：8.

社会主义法治是为了人民、依靠人民、造福人民、保护人民的法治，它以人民为主体，以依法治权为手段，以保护人民根本权益为出发点和落脚点，保证人民依法享有广泛的权利和自由，维护社会公平正义，促进共同富裕。中国共产党代表中国最广大人民的根本利益，除此之外没有自己特殊的利益。党始终坚持全心全意为人民服务，始终把人民群众的利益放在第一位，始终以实现好、维护好、发展好最广大人民的根本利益为第一要务。党的领导与社会主义法治，归根到底，都是以人民利益为根本，以人民幸福为追求，体现着人民的共同意志，两者在本质上是高度统一的。只有在党的领导下依法治国、厉行法治，人民当家作主才能充分实现，国家和社会生活法治化才能有序推进。

其次，党的领导必须依靠社会主义法治。社会主义法治是规范权力运行的良好机制，同时法治也促进党的组织建设和思想政治建设。在推进国家治理体系和治理能力现代化的进程中，党必须坚持依法治国，党的领导必须通过法治的方式来加以实现。也就是说，在新的形势下，在全面推进依法治国的时代进程中，党要履行好执政兴国的重大职责，不仅要依据党章从严治党、依规治党，而且要依据宪法治国理政，依宪执政。

依法治国是我国宪法确定的治理国家的基本方略，建设中国特色社会主义法治体系，建设社会主义法治国家是我国法治建设的总目标，能否实现关键在于党能不能坚持依法执政，各级政府能不能坚持依法行政。我党对执政规律与领导方式的认识与把握，经历了较为漫长而曲折的探索过程与认识深化过程。在此过程中，我们党首先总结出认识和把握执政规律的一条基本经验——把马克思主义基本原理同本国具体实际相结合，解放思想、实事求是，与时俱进、开拓创新，并依据该经验，逐步走出“政策依赖”的路径，将执政规律与法治发展规律相结合，总结出“依法执政”这一科学有效的执政方略，不断形成和强化法治思维与宪法思维，运用宪法法律的规则、原理、理念、理论思考和解决执政过程中遇到的具体问题[①]。

---

① 周叶中，庞远福．论党领导法治中国建设的必然性与必要性．法制与社会发展，2016(1)．

党的领导和社会主义法治是一致的，二者相辅相成、互相促进，谁也离不开谁。社会主义法治建设必须坚持党的领导，党的领导必须依靠社会主义法治。只有充分发挥党的政治核心作用、政治保证职能，把党的主张、意志贯彻到依法治国的全过程和各方面，才能保证法治建设不偏航、不变色；党的领导只有通过法治才能有效实现，才能增强党依法执政意识，改进党的领导方式和执政方式，推进依法执政制度化、规范化、程序化。

在党和法治的关系问题上，有人提出“党大还是法大”“权大还是法大”等问题。其实“党大还是法大”是一个伪命题，上述论证已经充分说明这个问题。而真正的问题在于“权大还是法大”。对此，习近平总书记有精辟的论述：“如果说‘党大还是法大’是一个伪命题，那么对各级党政组织、各级领导干部来说，权大还是法大则是一个真命题。”“我们说不存在‘党大还是法大’的问题，是把党作为一个执政整体而言的，是指党的执政地位和领导地位而言的，具体到每个党政组织、每个领导干部，就必须服从和遵守宪法法律，就不能以党自居，就不能把党的领导作为个人以言代法、以权压法、徇私枉法的挡箭牌。”①

（三）把党的领导贯彻落实到法治建设的全过程

新时期，坚持党在中国法治建设上的领导，就是要把党的领导贯彻落实到法治建设的全过程，做到“三统一”“四善于”，即必须坚持党领导立法、保证执法、支持司法、带头守法，把依法治国基本方略同依法执政基本方式统一起来，把党总揽全局、协调各方同人大、政府、政协、审判机关、检察机关依法依章程履行职能、开展工作统一起来，把党领导人民制定和实施宪法法律同党坚持在宪法法律范围内活动统一起来；善于使党的主张通过法定程序成为国家意志，善于使党组织推荐的人选通过法定程序成为国家政权机关的领导人员，善于通过国家政权机关实施党对国家和社会的领导，善于运用民主集中制原则维护中央权威、维护全党全国团结

① 中共中央文献研究室. 习近平关于全面依法治国论述摘编. 北京：中央文献出版社，2015：37.

统一。

中国特色社会主义法治建设离不开党的领导。坚持党的领导，不是我们强加给中国法治的特殊事物，而是历史、理论和实践的共同选择！

三、坚持人民主体地位

人民是国家和社会的主人，是依法治国的主体和力量源泉。人民当家作主是依法治国的前提和目标。坚持人民主体地位，发挥人民主体作用，坚持法治建设为了人民、依靠人民、造福人民、保护人民，是40年法治建设的基本经验，也是实现全面推进依法治国总目标所必须坚持的基本原则。

（一）从人民主权到人民主体

“人民主权”是一个悠久的概念，它起源于卢梭。卢梭认为，主权是公意的具体表现，人民的公意表现为最高权力；人民是国家最高权力的来源，国家是自由的人民根据契约协议的产物，而政府的一切权力都是人民授予的。因此，国家的主人不是君主，而是人民，治理者只是受人民委托，因而主权只能属于人民。“人民主权”的提出，极大地提升了人民的地位，人民不再被划分为三六九等，而是要将他们一体对待，人民作为一个抽象的整体拥有最高的权力，主权者、立法机构、政府的合法性和正当性来源于人民的同意。自此以后，“人民至上”“人民主权”学说为资产阶级冲破封建阶级的统治提供了有力的思想武器，具有永久的价值。

马克思和恩格斯吸收了这一伟大的思想成果，并进一步强调了人民群众在社会生活和历史进步中的地位和作用，形成了“人民主体论”。“人民主权”是在“人民无权”时代的一个正义表达，它主要是解决如何使国家、社会的公共权力回归于人民主体的问题，这里的重点是“权力”。其社会实践成果主要是落实了“主权”与“治权”的关系，通过民主制度实现了民意对政权的限制和监督，这可以说是走向人民当家作主的一个重要历史准备。但仅仅实现对权力的监督，还不是人民成为国家主体的全部体现。“人民主体”意味着人民要成为国家全部权利和责任统一的切实担当者，这才是完整全面意义上的“主体”①。马克思发现，在资本主义社会，人民大众依然遭受了压迫，他们并不能真正享受国家的权利与利益。正如马克思所述，平等地剥削劳动力是资本的首要人权。近代资产阶级国家因为在形式上承认人民主权，而实际上要追求阶级统治，因而出现了形式与内容的矛盾。这一矛盾只有坚持人民主体地位才可以得到解决。

马克思主义始终坚持从人民群众的利益出发，绝大多数人的利益是其关注的重点。正如《共产党宣言》曾经指出：“至今发生过的一切运动都是少数人的运动，或者都是为少数人谋利益的运动。无产阶级的运动是绝大多数人为绝大多数人谋利益的独立自主的运动。”马克思主义认为，人民群众是历史的创造者。在马克思主义的理论体系中，“人民”指的是现实的、活生生的人，他们作为人类现实生活的实际承担者，起着推动社会进步的根本作用，是历史的真正主体。马克思的唯物史观不仅科学地论证了人民主体地位，而且确立了以人的解放和每个人自由全面地发展为最终目标的根本价值观念。马克思的“人民主体”学说也被中国共产党继承和发扬。

（二）坚持人民主体地位在法治建设中的重要意义

我国的国体和政体决定了人民的主体性和国家权力的人民性。宪法明确规定：“中华人民共和国是工人阶级领导的、以工农联盟为基础的人民民主专政的社会主义国家。”“中华人民共和国一切权力属于人民。人民行使国家权力的机关是全国人民代表大会和地方各级人民代表大会。”对我国国体和政体的宪法规定表明，包括社会各阶层人民在内的中国最广大人民是国家的主人，同时指出了我国国家权力的人民性。中国特色社会主义法治建设是中国特色社会主义建设的重要组成部分，应当坚定不移坚持人民主体地位。

---

① 李德顺，王金霞．依法治国必须坚持人民主体地位//文兵．法治的哲学之维：第 3 辑．北京：当代中国出版社，2016：7.

坚持人民主体地位是全面推进依法治国、建设法治中国的题中应有之义。依法治国、法治中国建设的最终目的是保障人民的根本权益，使全体人民共享改革开放的成果。长期以来，在法治建设的过程中，党始终关注最广大人民的利益与愿望，以保障人民根本权益为出发点和落脚点，保证人民依法享有广泛的权利和自由。因此，保证和发展人民当家作主，充分反映人民意愿、充分实现人民权利、充分保障人民权益，是法治建设的重要内容，也是新形势下全面推进依法治国的根本目的。

（三）对人民主体地位的落实

坚持人民主体地位需要制度支撑，这个制度就是人民代表大会制度。人民代表大会制度是保证人民当家作主的根本政治制度，是保障人民参与国家治理和社会管理、使人民真正感受到主人翁地位的根本政治制度。广大人民群众通过人民代表大会制度参与国家事务、社会经济文化事业的管理，充分发挥人民的知情权、参与权、监督权、决策权，这就是法治的体现，也是法治建设的必然要求。同时，在共享共建的过程中，人民的主体意识也得到了进一步的加强，人民成为国家、社会和自身命运的主人。通过人民代表大会制度，党的领导、人民当家作主、依法治国得到了有机统一。因此，我们要坚持和完善人民代表大会制度这个保证人民当家作主的根本政治制度，把体现人民利益、反映人民愿望、维护人民权益、增进人民福祉的根本要求，落实到法治建设的全过程和各方面。“要通过人民代表大会制度，弘扬社会主义法治精神，依照人民代表大会及其常委会制定的法律法规来展开和推进国家各项事业和各项工作，保证人民平等参与、平等发展权利，维护社会公平正义，尊重和保障人权，实现国家各项工作法治化。”①

坚持人民主体地位，还要确立以民为本、立法为民的立法价值取向。坚持法治建设为了人民、依靠人民、造福人民、保护人民，以保障人民根本权益为出发点和落脚点，保证人民依法享有广泛的权利和自由、承担应尽的义务，维护社会公平正义，促进共同富裕。

---

① 习近平．在庆祝全国人民代表大会成立60周年大会上的讲话．中国人大网，2014-09-06.

人民主体地位还要求在法治建设过程中，必须保证人民在党的领导下，依照法律规定，通过各种途径和形式管理国家事务，管理经济文化事业，管理社会事务。同时，还要加大法律宣传教育工作，增强宪法和法律实施，使人民认识到法律既是保障自身权利的有力武器，也是必须遵守的行为规范；增强全社会学法尊法守法用法意识，使法律为人民所掌握、所遵守、所运用，形成良好的法治氛围，提高全社会的法律素养。

坚持人民主体地位，我国的法治建设就有了力量源泉。人民的力量是无穷的，他们推动着中国法治建设的“巨轮”；人民的眼睛是雪亮的，法治建设的最终成果，也需要人民的检验与认可。

四、坚持法律面前人人平等

《宪法》第三十三条第二款：“中华人民共和国公民在法律面前一律平等。”

法律面前人人平等是一条宪法原则，在八二宪法制定之时就确认了这一基本原则。除此之外，宪法还有其他相关规定，共计 6 个条款，它们将上述一般性规定加以具体化，涉及民族平等、男女平等、政治平等等。

坚持法律面前人人平等体现的是法治建设的价值准则。社会主义法治体系建设在实质上就是为了通过法治制度规范确立和维护社会主义的公平正义这一价值原则，以确保法治的社会主义性质。

（一）何谓法律面前人人平等

对于宪法规定的平等的性质，我国通说认为，平等规定具有双重性质，它既是原则又是权利。具体而言，一方面，对国家来说平等是一项原则，即要求国家必须平等保护不同的公民；另一方面，对个人来说平等又是一种基本权利，个人可以向国家提出平等的诉求，要求得到平等对待。同时，平等还包含两种含义，一种是形式上的平等，又被称为机会平等，意指每个人作为抽象的人是平等的，因此人人都应获得平等的机会；另一种是实质上的平等，又被称为条件平等，意指根据不同主体不同的属性，分别采取不同的方式，对各个主体的人格意义上的发展所必需的前提条件进行实质意义上的保护，如男女平等、民族平等的实现就是实质上平等保护的体现①。

宪法规定的法律面前人人平等，起先仅指法律适用上的平等，指的是任何人适用法律都是平等的，而在立法上则不一定平等。但是这种立法上的人为区分会破坏实质上的平等。若是立法的内容可以不平等，那么无论如何严格地执行这种法律、平等地适用这种法律，都会产生不平等的结果。所以，后来法律面前人人平等就不仅仅指法律适用上的平等，也包含法律内容上的平等，即任何人在立法上都拥有平等的权利。

因此，宪法上的平等，实际上是规范意义上的平等，即应然意义上的平等而非事实上的平等。此外，这种状态不是宽泛无边的，不是无差别的平等，而是具有特定内涵的，它指的是得到公权力的平等保护。也就是说，它仅仅反对不合理的差别，即反歧视和反特权。平等允许合理的差别，判断差别对待是否合理，需要从目的、手段以及目的和手段之间的内在关联性来判断。比如，在法律上对未成年人的特殊保护并不违反平等原则，反而是一种合理的差别对待，是真正意义上的平等。

（二）坚持法律面前人人平等的意义和内涵

改革开放后，我国法制建设日渐完善，法制体系日渐合理，宪法法律的实施状况不断改善。全社会逐渐形成依法办事的良好行为准则。但是由于各种各样的原因，违反法治的现象依然不同程度地存在。在现实生活中，有一定的“特权思想、特权人物、特权地位”现象，有一定的“权比法大、情比法大、钱比法大”思潮，比如，有些党员领导干部法治观念淡薄，甚至以党自居，把党的领导作为个人徇私枉法、以言代法、以权压法的挡箭牌；有些领导干部自以为是、唯我独尊，藐视法律、破坏法治，不尊崇宪法、不敬畏法律、不信仰法治；有的人把“领导指示”“长官意志”

① 林来梵．宪法学讲义．2版．北京：法律出版社，2015：358.

凌驾于法律之上；等等。这都违背了法律面前人人平等原则，是对法治的践踏。

坚持法律面前人人平等，意味着任何组织和个人都没有超越法律的特权，意味着任何组织和个人都要在宪法和法律范围内活动。习近平总书记多次指出："坚持法律面前人人平等，必须体现在立法、执法、司法、守法各个方面。任何组织和个人都必须尊重宪法法律权威，都必须在宪法法律范围内活动，都必须依照宪法法律行使权力或权利、履行职责或义务，都不得有超越宪法法律的特权。"①

任何组织和个人都要在宪法和法律范围内活动，反过来就是说，一旦超越了法律的规定范围，就要受到惩罚。"任何人违反宪法法律都要受到追究，绝不允许任何人以任何借口任何形式以言代法、以权压法、徇私枉法。"习近平总书记特别告诫："这一点，各级党员和领导干部尤其要牢记。""对各级领导干部，不管什么人，不管涉及谁，只要违反法律就要依法追究责任，绝不允许出现执法和司法的'空档'。"② 这些已经不是口号，党的行动已经告诉了我们它的决心。2014 年，习近平总书记在江苏调研时首次提出全面从严治党，从严治党作为"四个全面"战略布局的一部分，被提升到一个全新的战略高度。中央巡视组的设置，"打虎拍蝇""扫黑除恶"的开展，"老虎""苍蝇"一起打，扎紧了制度的笼子，清除了一批腐败分子。这一系列行动，不但提高了党的纯洁性，保证了党的领导，维护了社会的稳定有序，也彰显了法律的权威，表明任何人都不能凌驾于法律之上。这为中国法治建设提供了有力支持。

坚持法律面前人人平等，首先要确保法律内容的平等。这是平等原则的重要内容，也是其题中应有之义。确保法律内容上的平等，就要求在立法过程中，加强民主立法、科学立法、依法立法，让人民群众更多参与到立法工作中。其次要确保法律适用的平等。这不仅是平等原则的重要体现，也是实现司法公正、维护社会公平正义的必然要求。法律适用上的平等更多体现在司法领域，司法领域中法律适用的平等、统一，不仅有助于

---

①② 习近平．加快建设社会主义法治国家．求是，2015（1）．

维护法制尊严与权威，而且有助于提高司法公信力，让每个人民群众感受到公平正义，保障人民的切身利益。司法公正是社会主义法治建设的重要一环，正如英国哲学家培根所言："一次不公正的审判，其恶果甚至超过十次犯罪。因为犯罪虽是无视法律——好比污染了水流，而不公正的审判则毁坏法律——好比污染了水源。"公平正义是司法工作的生命线，司法机关是维护社会公平正义的最后一道防线。

（三）落实法律面前人人平等的重点和关键

习近平总书记多次指出，全面依法治国，必须抓住领导干部这个"关键少数"，各级领导干部在推进依法治国方面肩负着重要责任。因此，坚持法律面前人人平等，重点在各级领导干部，最重要的是解决思想观念问题。我们必须深刻认识到，维护宪法法律权威就是维护党和人民共同意志的权威，捍卫宪法法律尊严就是捍卫党和人民共同意志的尊严，保证宪法法律实施就是保证党和人民共同意志的实现。领导干部应当带头营造办事依法、遇事找法、解决问题用法、化解矛盾靠法的法治环境和法治氛围，从心底里产生对法的尊崇与敬畏。"君子德风"，各级党员和领导干部以身作则，尊重宪法法律权威，在宪法法律范围内活动，必将带动全社会的守法意识、法治观念，带动广大人民群众学法尊法守法用法，真正实现社会主义法治精神，实现法律面前人人平等。

坚持法律面前人人平等，关键在于规范和规制公权力。现代国家的一个重要特征就是"限制公权力"。限制公权力，需要把权力关进制度的笼子里，依法设定权力、规范权力、制约权力、监督权力，形成一整套科学有效的权力运行机制和监督体系。法治是对抗权力专断和任意性的制度安排，它体现的是一切公权力都要受到法律约束的思想。因此，在受法律约束这一点上，人人都是平等的。党和人民反对特权，坚持权力在法下。必须以规范和约束公权力为重点，加大监督力度，做到有权必有责、用权受监督、违法必追究，坚决纠正有法不依、执法不严、违法不究行为。

坚持法律面前人人平等，为中国的法治建设提供了基本的价值遵循。

五、坚持依法治国与以德治国相结合

法安天下，德润人心。

——习近平

法律是准绳，任何时候都必须遵循；道德是基石，任何时候都不可忽视。在新的历史条件下，我们要把依法治国基本方略、依法执政基本方式落实好，把法治中国建设好，必须坚持依法治国和以德治国相结合。

——习近平

法律与道德是什么关系？治理国家依靠法律好还是依靠道德更有效？这是古往今来人们不断思考、不断讨论且经久不衰的一个话题。

法律和道德都具有规范社会行为、调节社会关系、维护社会秩序的作用，都是国家和社会治理中不可或缺的重要手段，两者各有优势又都有不足，互相区别又联系紧密，因此，在国家和社会治理中，必须坚持一手抓法治、一手抓德治。法治和德治如车之两轮、鸟之双翼，不可偏废。坚持依法治国和以德治国相结合，是我国改革开放40年法治建设的基本经验，也是在新的历史条件下，落实好依法治国基本方略、建设好法治中国必须坚持的基本原则。

（一）法律与道德、法治与德治

从法律与道德的关系上说，首先，两者是有区别的。马克思指出：“**道德的**基础是人类精神的**自律**”；“法律是肯定的、明确的、普遍的规范，在这些规范中自由获得了一种与个人无关的、理论的、不取决于个别人的任性的存在”①。这两句话不仅深刻地概括了道德的本质特征，而且指明了道德与法律的根本区别。从性质上看，道德体现的是“人类精神的自律”，

① 马克思，恩格斯．马克思恩格斯全集：第1卷．2版．北京：人民出版社，1995：119，176．

它包括人们关于善恶、美丑、真伪等观念形态，也包括与这些观念相对应的伦理行为规范。道德的规范作用来自社会舆论、内心信念和传统习惯等精神力量，实际上是通过社会成员的自觉性来发挥作用的。而法律表现的是“国家意志”的他律，具有普遍性、稳定性，同时它依靠国家强制力，即法庭、警察、监狱等来保证自身的施行。道德是内在的“自律”守则，用于劝善抑恶；法律是外在的“他律”规矩，用于惩恶扬善。

其次，两者又具有十分紧密的联系。道德是法律的重要源泉，没有道德，法律是干枯的，会缺少“人性”，道德有助于法律的执行；法律是道德的强力保障，法律的推广使法律观念深入人心的同时，也成为约束人们日常活动的道德规范。法律是成文的道德，道德是内心的法律。法律的有效实施有赖于道德的支持，道德的自觉践行也离不开法律的强力约束；法律难以规范的领域，道德可以发挥作用，而道德无力约束的行为，法律则可以予以规范。因此，法律和道德是相辅相成、相互补充的，法治和德治是互为促进、互为融合的，国家和社会治理需要法律和道德协同发力，需要法治和德治两手齐抓。

（二）法治和德治相结合是历史的总结、现实的要求

坚持法治和德治相结合，是对古今中外治国经验的深刻总结。从中国历史看，我国既有久远的法制传统，又有厚重的道德传承。从孔子提出“宽猛相济”，到孟子提出“徒善不足以为政，徒法不能以自行”；从荀子提出“隆礼重法”，到汉代董仲舒强调“阳为德，阴为刑”；从唐代提出“制礼以崇敬，立刑以明威”，到宋元明清时期一直延续德法合治，都体现了德治与法治相结合的治国之道。从世界范围看，凡是社会治理比较有效的国家，大都坚持把法治作为治国的基本原则，同时注重用道德调节人们的行为。

坚持法治和德治相结合，是中国特色社会主义法治道路的一大优势。经过长期实践探索，我们走出了一条自己的法治道路，法治建设取得了历史性成就。这条法治道路内涵十分丰富，其中一个重要方面，就是坚持法治与德治相结合。立足当前、面向未来，要把依法治国基本方略实行好，

最关键的就是要坚持走我们自己的法治道路，发挥好这条道路的鲜明特色和突出优势。这就要求我们更好地坚持依法治国和以德治国相结合，切实推进以德治为基础的法治建设、以法治为保障的德治建设。

坚持法治和德治相结合，也是现实的迫切要求。当前我国改革发展进入关键阶段，要应对前所未有的矛盾风险挑战，从根本上必须全面推进依法治国。但应当清醒地看到，我国法治建设还存在许多不适应、不符合的问题，更何况，虽然德治不能也不应作为主要模式与法治竞争，但是法治也无法代替道德的重要作用。相反，完善的法治必须有道德的支持，一则在于法律自身的缺陷，二则在于道德和法律具有不可替换的互补功能。所以，要解决好这些问题单就法治论法治是不够的，必须着眼全局、系统谋划，特别是要立足我国历史传统和现实国情，重视加强道德教育和思想引导，着力培植人们的法律信仰和法治观念，营造全社会都立规矩、讲规矩、守规矩的文化环境，使法律和道德在国家和社会治理中共同发挥作用①。

（三）法治和德治共同发挥作用

坚持法治和德治相结合，需要法治和德治共同发挥作用。一方面，要强化法律对道德建设的促进作用，以法治体现道德理念。在制定法律过程中，通过法定程序，将道德要求注入法律之中，使法律内含道德因子，为道德提供制度支撑和刚性约束。同时，法律规范通过强制手段惩恶扬善，为道德理念保驾护航。由于道德缺乏强制性、确定性，并且存在层次性，单凭宣传教育很难达到理想的效果，而通过法治来调整社会关系、规范社会成员行为，从中体现和维护社会主义道德理念，发挥法律的指引功能，就使人民的道德追求真正获得了法治上的保证，从而为道德建设提供了有力支持。

另一方面，还要强化道德对法治文化的支撑作用，以道德滋养法治精神。在法治建设中，始终坚持社会主义核心价值观，并将其反映在立法、执法、司法的方方面面；大力弘扬中华传统美德，培育社会公德、职业道

① 法安天下 德润人心：怎样理解坚持依法治国和以德治国相结合. 中国共产党新闻网，2015-02-12.

德、家庭美德、个人品德，为法治建设提供良好的人文环境；发挥好道德的教化功能，把社会主义法治建设与社会主义道德建设相结合，为社会主义法治提供良好的道德基础。缺乏道德的法治，不是真正的法治，法治的基础是良法，没有道德浸润的法律绝不是良法。总之，在全面推进法治建设的过程中，必须坚持依法治国与以德治国的有机结合，既重视发挥法律的规范作用，又重视发挥道德的教化作用，实现法律和道德相辅相成、法治和德治相得益彰。

六、坚持从中国实际出发

为国也，观俗立法则治，察国事本则宜。不观时俗，不察国本，则其法立而民乱，事剧而功寡。

——（战国）商鞅

一切从实际出发，理论联系实际，实事求是，在实践中检验和发展真理，是我们党在长期的革命实践中形成的思想路线，也是我们党在革命、建设和改革过程中认识问题、分析问题、处理问题所遵循的根本的指导原则和思想基础。全面推进依法治国，同样要从我国实际出发，同我国改革开放不断深化相适应，这是法治建设应该遵从的行动指南，也是我国法治建设的基本原则。

（一）坚持从中国实际出发符合马克思主义唯物史观

中国特色社会主义法治建设坚持从中国实际出发符合马克思主义唯物史观。马克思主义唯物史观认为，社会存在决定社会意识。法是受社会物质生活条件决定的社会规范，物质资料的生产方式是决定社会面貌、性质和发展的根本因素，也是决定法律本质、内容和发展方向的根本因素。马克思的这段论述我们早已耳熟能详，“人们首先必须吃、喝、住、穿，然后才能从事政治、科学、艺术、宗教等等；所以，直接的物质的生活资料的生产，从而一个民族或一个时代的一定的经济发展阶段，便构成基础，人们的国家设施、法的观点、艺术以至宗教观念，就是从这个基础上发展起来的，因而，也必须由这个基础来解释”①。

由此，我们可以看到法的发展及其内容的关键之处，即法的产生、发展及其内容，无不源于一定的社会经济生活，法的历史只是社会经济生活历史发展的表现，法的内容直接反映这种社会经济生活所决定的客观现实条件。法的观念和法的制度源于深刻的社会因素和经济因素。社会现实对法治建设起着决定性的作用，不能脱离社会现实基础来建设法治。因此，中国特色社会主义法治建设必须坚持从中国实际出发。走什么样的法治道路、建设什么样的法治体系，是由一个国家的基本国情决定的。党继承了马克思主义唯物史观，形成了自己的思想路线，坚持从中国实际出发，实事求是，既不罔顾国情、超越阶段，也不因循守旧、墨守成规，做到了法治建设同推进国家治理体系和治理能力现代化相适应，与党的领导相统一。

（二）坚持从中国实际出发是推进法治建设的根本遵循

党的十八届四中全会强调，中国特色社会主义道路、理论体系、制度是全面推进依法治国的根本遵循。这是由中国特色社会主义道路、理论体系、制度在党和国家生活中的客观地位决定的，也是坚持从中国实际出发的必然要求。中国特色社会主义是当今中国社会的根本属性和中国未来发展的根本方向，其客观表现就是中国特色社会主义道路、理论体系、制度，三者统一于中国特色社会主义建设的伟大实践之中，这是党和人民 90 多年奋斗、创造、积累的根本成就。从中国的实际出发，就是从中国特色社会主义道路、理论体系、制度出发。坚持从中国实际出发、全面推进法治建设，自然也就必须坚持中国特色社会主义道路、理论体系、制度。

我国是社会主义国家，必须坚持中国特色社会主义道路。中国特色社会主义道路是党和国家各项事业顺利发展的总道路，也是新中国成立以来特别是改革开放 40 年来法治建设最大的最根本的成就。道路决定命运，道

① 马克思，恩格斯．马克思恩格斯选集：第 3 卷．3 版．北京：人民出版社，2012：1002.

路问题是法治建设的根本问题，走错了路，南辕北辙，只会离目标越来越远。我国社会主义法治建设能够取得历史性成就、对中国特色社会主义事业发挥重要的引领和保障作用，最根本的原因就是走对了道路，既没有走封闭僵化的老路，也没有走改旗易帜的邪路，而是坚持走中国特色社会主义道路在法治方面具体化的中国特色社会主义法治道路。同时，社会主义法治建设应当以社会主义法治理论为指导，社会主义法治理论体系是法治建设的思想保障，为之保驾护航。全面推进法治建设，还需要解决好制度模式选择问题。打好了制度框架，法治建设就容易了，不会失位，也不会错位。正如习近平总书记所指出的："设计和发展国家政治制度，必须注重历史和现实、理论和实践、形式和内容有机统一。要坚持从国情出发、从实际出发，既要把握长期形成的历史传承，又要把握走过的发展道路、积累的政治经验、形成的政治原则，还要把握现实要求、着眼解决现实问题，不能割断历史，不能想象突然就搬来一座政治制度上的'飞来峰'。"①而一个国家的法律制度与这个国家的政治制度密切相关。中国特色社会主义法律制度之所以行得通、有生命力、有效率，就是因为它是从中国的社会土壤中生长起来的。

中国特色社会主义道路、理论体系、制度是中国社会基本国情的集中表达，也是全面推进依法治国、建设"法治中国"的基础，因此，我们必须从中国实际出发，设计和发展中国的法制制度，推进中国的法治建设，使之深深扎根于中国的社会土壤之中。只有扎根于本国土壤汲取养分的法治，才最可靠，也最有效。

当前，中国特色社会主义进入新时代，我国社会主要矛盾已经转化为人民日益增长的美好生活需要和不平衡不充分的发展之间的矛盾，这是我国最大的实际。中国特色社会主义新时代是我国法治建设与发展的新的平台，我国的一切法治工作，都需要在这个新的平台上，围绕"新时代""新矛盾"而展开。这就要求我们更加关注法治领域中的不平衡、不充分现象，比如，法治的社会基础还有待加强，城乡之间、区域之间的法治发

① 习近平在庆祝全国人民代表大会成立 60 周年大会上的讲话. 中国人大网，2014-09-06.

展还不平衡，法治权威还不够充分，法治改革尚未完成，等等。这些都是新时代下社会主要矛盾在法治领域的表现。

因此，我们必须从实际出发，把新时代中国的基本法治国情和法治领域的基本矛盾，作为我们推进中国特色社会主义法治建设的根本依据，既要有信心、有决心，又不能脱离实际、超越阶段、盲目自信，积极稳妥、脚踏实地地推进法治中国的伟大实践。坚持从实际出发，就是要突出中国特色、实践特色、时代特色。

（三）坚持从中国实际出发是理论创新的基础

中国特色社会主义法治理论是一个“活”的理论，它立足于中国法治建设这一实践，法治实践出现了新的问题、新的矛盾，就需要法治理论去解答、去解决。理论指导实践，实践又发展理论。我们的法治理论不能故步自封，不能僵化不变，否则就无法发挥理论的能动性、先进性，反而会阻碍法治建设的前进。习近平总书记强调：“问题是创新的起点，也是创新的动力源。只有聆听时代的声音，回应时代的呼唤，认真研究解决重大而紧迫的问题，才能真正把握住历史脉络、找到发展规律，推动理论创新。”① 坚持法治理论创新，就要总结和运用党领导人民推行法治的成功经验，围绕社会主义法治建设重大理论和实践问题，不断丰富和发展符合中国实际、具有中国特色、体现社会发展规律的社会主义法治理论，为依法治国提供理论指导和学理支撑。

坚持法治理论创新，还要处理好传承与借鉴的关系，既要吸取中华文化的精华，又要借鉴国外法治的有益成果，博采众长，推陈出新。创新并不是无中生有，它是一种扬弃，是否定之否定。中国特色社会主义法治理论创新的一个重要问题，就是处理好国际化与本土化、传统法律文化与域外法律文化之间的关系。

坚持从我国实际出发，不等于关起门来搞法治。法治是人类文明的重要成果之一，法治的精髓和要旨对于各国国家治理和社会治理具有普遍意

① 习近平．在哲学社会科学工作座谈会上的讲话．北京：人民出版社，2016：14.

义，我们要学习借鉴世界上优秀的法治文明成果。但是，对国外法治成果的学习借鉴，并不是照搬照抄其制度与模式，而是在坚持中国法治发展自主性的基础上对世界法治文明成果的充分吸收。中国古语有言，“橘生淮南则为橘，生于淮北则为枳”，法治亦是如此。所以，吸收借鉴不是简单的拿来主义，必须坚持本国法治发展的基本立场，从本国的现实国情和实际情况出发，以我为主、为我所用，认真鉴别、合理吸收，不搞“全盘西化”，不搞“全面移植”。

当代中国的法治理论创新，更不能忽略对中国传统法律文化精华的充分吸收。中国有着丰富的法治本土资源——中国优秀传统法律文化以及新中国成立后特别是改革开放之后的法治实践经验。我们的先人早就开始探索“法”这个重大课题，春秋战国时期就有了自成体系的成文法典，汉唐时期拥有比较完备的法典，形成了“以法为本、礼法合治、德主刑辅、外儒内法”的独树一帜的中华法系。我国古代法制蕴含着十分丰富的智慧和思想资源，如“国无常强，无常弱。奉法者强则国强；奉法者弱则国弱”“立善法于天下，则天下治；立善法于一国，则一国治”，可以视为法治强国的思想雏形；“天下之事，不难于立法，而难于法之必行”阐明法律实施的重要性，主张立法与执法并重；注重礼法互补、德治与法治并存的“隆礼重法”“德主刑辅”“明德慎罚”，以及“道之以政，齐之以刑，民免而无耻；道之以德，齐之以礼，有耻且格”；等等，对当下的中国法治建设都具有积极意义。

改革开放以来，中国的法治建设已经持续了40年，我们从中获得了丰富的实践经验，对法治的认识不断深化、体系化：从十五大提出建设社会主义法治国家，十六大提出三个统一是发展社会主义民主政治的基本要求，到十八大强调法治在国家治理和社会管理中的作用，法治是治国理政的基本方式，再到十九大提出法治国家、法治政府、法治社会建设相互促进。因而，总结和运用党领导人民实行法治的成功经验，围绕社会主义法治建设重大理论和实践问题，推进法治理论创新，发展符合中国实际、具有中国特色、体现社会发展规律的社会主义法治理论，方能为依法治国提供有效的理论指导和学理支撑。

总之，走中国特色社会主义法治道路必须坚持从实际出发，立足本国的基本国情，总结我们自身的法治经验、适应自身的法治需求、彰显自身的法治特色；既要传承历史，借鉴世界法治文明，创新法治理念，又要面对全球法治发展趋势，把握现实，着眼未来，努力构建一个既满足当代中国社会发展需要，又适应世界法治潮流的现代法治体系。

第四章　法治建设面临的问题和挑战

经过改革开放40年的不懈探索和努力，中国法治建设成果丰硕，特别是党的十八大以来，法治建设取得了历史性成就。但是，我们必须清醒地看到，同党和国家事业发展要求相比，同人民群众期待相比，同推进国家治理体系和治理能力现代化目标相比，法治领域还存在许多不适应、不符合的问题，比如：有的法律法规未能全面反映客观规律和人民意愿，针对性、可操作性不强，立法工作中部门化倾向、争权诿责现象较为突出；有法不依、执法不严、违法不究现象比较严重，执法体制权责脱节、多头执法、选择性执法现象仍然存在，执法司法不规范、不严格、不透明、不文明现象较为突出，群众对执法司法不公和腐败问题反映强烈；部分社会成员尊法信法守法用法、依法维权意识不强，一些国家工作人员特别是领导干部依法办事观念不强、能力不足，知法犯法、以言代法、以权压法、徇私枉法现象仍然存在。这些问题，违背社会主义法治原则，损害人民群众利益，妨碍党和国家事业发展，必须下大气力加以解决。

同时，我们还必须认识到，当前，我国全面建成小康社会进入决定性阶段，改革进入攻坚期和深水区，各种利益冲突更加频繁，各种社会矛盾交织叠加，国际局势复杂多变；随着经济社会的发展和社会的转型，网络及信息化问题、共享经济问题、公共安全问题、环境问题等日益突出，各种新情况新矛盾新问题不断涌现，这给我国的法治建设带来了诸多新的挑战。全面依法治国任务依然繁重而艰巨。

一、高速发展的经济、社会、科技带来的问题与挑战

改革开放40年，中国取得了举世瞩目的成就，但是，经济社会的进步和科学技术的飞速发展，也同时带来了许多新问题，对法治提出的挑战也是明显的。

（一）经济发展给法治建设带来的挑战

党的十八届四中全会决议明确提出“社会主义市场经济本质上是法治经济”，指明了市场经济在法治层面的本质特征，为未来中国经济体制的发展与完善指明了方向。当前，中国在全球十大经济体中经济发展速度最快，如此高速发展的经济势必会对法治对于经济运行的引导、促进、保障以及规制等作用提出更高的要求。

其一，经济“新常态”对法治提出新要求。2013年12月10日，在中央经济工作会议上习近平总书记首次提出我国经济进入“新常态”。认识新常态、把握新常态、引领新常态，不仅是中国经济发展的大逻辑，也是中国法治发展面临的新课题。经济从高速发展到中高速发展的转变、供给侧结构性改革、创新驱动发展、新型城镇化建设、社会信息化发展等新常态新特点，无不给法治建设提出新要求。

其二，利益格局的变化和复杂化对法治提出新挑战。经济的快速发展必然带来利益关系的复杂化，比如，个人、集体、国家之间的关系，中央与地方的关系，地方之间的关系，企业与政府之间的关系等，而利益关系的复杂化势必引发更多的利益冲突，法治需要对这些利益冲突进行规范和调整。比如，法治需要回答：处于冲突之中的多重利益关系，何者为正当

利益，法律要予以承认、尊重以及保护；何者为不正当利益，法律不予确认与保护；等等。

其三，经济全球化对法治提出更高要求。经济的快速发展与经济全球化密切相关。当前我国正在大力推进“一带一路”建设，中国经济与世界各国的经济交往更加紧密而频繁。在经济全球化和推进“一带一路”过程中，如何处理其中的法律问题，特别是国内法与国际法、国际惯例的关系等一系列问题是我国未来法治建设所必须应对的。

其四，经济发展的双刃剑为法治设置新考验。中国经济发展为中国带来了更多强大的企业。据统计，世界500强企业中，截至2017年中国企业已达115家，中国经济体量之巨大、发展势头之迅猛由此可见一斑。一个经济体拥有更多强大的企业诚然是经济繁荣的象征，但以法治之眼观察，经济繁荣也会带来一些新问题、新考验，比如，“法人专横”现象加剧的可能，普通消费者与企业之间存在的实质不平等问题的更加突出，等等。法治建设中如何应对上述经济现象，从而维护经济主体的独立与平等是不得不深思的问题。

（二）社会发展给法治建设带来的挑战

党的十八大、十九大都指出了社会建设中存在的一些突出问题，包括教育、就业、社会保障、医疗、住房、养老、生态环境、食品药品安全、安全生产、社会治安、执法司法等领域。这些都是与社会发展相伴而生的问题，也是与群众切身利益关系密切的问题，这些问题对法治建设提出了很大挑战。

其一，明显增多的社会矛盾给法治建设带来挑战。“人生而有欲，欲而不得，则不能无求，求而无度量分界，则不能不争。”（《荀子·礼论》）故只要社会在运行，社会矛盾就在所难免。以往我们可能更多地依赖行政手段来化解社会矛盾，但现在必须越来越注重通过法治化的渠道来解决问题。正如习近平总书记所指出的：“要处理好维稳和维权的关系，要把群众合理合法的利益诉求解决好，完善对维护群众切身利益具有重大作用的制度，强化法律在化解矛盾中的权威地位，使群众由衷感到权益受到了公平对待、利益得到了有效维护。”① 唯有更多地通过法治化的渠道调处纠纷，才能使矛盾的化解更加公平而不损伤人民的合法权益。

其二，多元化的价值观给法治带来挑战。守法无疑是社会主义法治建设的重要环节，但是随着社会的高速发展，人民的价值观呈现出多元化的态势。这种多元化的价值观在守法层面表现为人民的维权意识觉醒、行使检举权的热情高涨、实现公民知情权的意愿强烈等。如何妥当落实全民守法、将法治精神渗透到社会的每一个角落，是摆在法治建设面前的一项巨大挑战。法治建设必须下大力气落实“法律面前人人平等”原则，落实《宪法》所规定的任何组织或者个人“都必须遵守宪法和法律”“都不得有超越宪法和法律的特权”。

其三，社会主要矛盾发生深刻变化给法治带来挑战。党的十九大报告对当前我国社会主要矛盾做出新表述，指出“中国特色社会主义进入新时代，我国社会主要矛盾已经转化为人民日益增长的美好生活需要和不平衡不充分的发展之间的矛盾”②。人民所希冀的美好生活必然包含对法治的旺盛需求，而目前我国的法治建设很显然也是不充分不平衡的，比如，在矛盾纠纷解决机制上，法律相对于行政手段、政治手段而言是不充分不平衡的，进而使得法治所蕴含的平等、自由价值无法在全社会形成氛围。再比如，执法与司法相对于立法来说发展是不充分不平衡的，我国社会主义法律规范体系已经建成，人权保障写进宪法，物权平等保护更加全面，非法证据排除规则进入刑事诉讼法，凡此种种莫不昭彰人民权利，其背后所体现的法治理念的进步亦不可谓不巨；而相形之下，法律实施过程却出现更多的不尽如人意，在一些领域，还存在有法不依、执法不严、选择性执法、执法腐败等问题。

（三）科技发展给法治建设带来的挑战

现代社会的方方面面无不充斥着科学与技术，而且科技的发展一日千

① 习近平出席中央政法工作会议并发表重要讲话．人民日报，2014-01-09.

② 习近平．决胜全面建成小康社会 夺取新时代中国特色社会主义伟大胜利：在中国共产党第十九次全国代表大会上的报告．北京：人民出版社，2017：11.

里。科技的日新月异无疑会促进法治的发展和进步，如互联网技术促成了中国裁判文书网平台的形成与发展，截至目前，中国裁判文书网已收录各类法律文书超过 4 350 万篇，使得我国裁判的公开性、公正性以及统一性程度大大提升，同时也给学习、研究中国法律实施带来了巨大的便利，有助于促进全社会法治思维与理念的形成。但是，我们也应当看到，科技的高速发展同样为法治建设带来了许多新情况新问题。

一方面，科技产品需要法律予以规范。例如 2013 年的“中国胚胎诉讼第一案”对现行《民法总则》与《继承法》的司法适用提出了巨大挑战。又如，从 2012 年到 2016 年，电子商务交易额从 8.1 万亿元增长至 26.1 万亿元，如何鼓励、支持、促进电子商务的发展以及创新显然需要借助相关法律法规如电子商务法的制定完善，但自 2013 年年底全国人大常委会正式启动电子商务法立法进程至今已四年有余，该法目前依然没有出台，有关部门甚至社会各界对诸如微商传销界定、电子商务主体注册登记、个人信息安全等问题仍然莫衷一是。再如，人工智能生成的内容在著作权法中如何定性、人工智能产品包括机器人在法律中如何定位亦是法律面临科技的挑战时所不能回避的问题。

另外，科技的进步会改变一些传统行为的行为方式，进而使得该种行为呈现出不同于传统的特征，原先能够应对传统行为的法律在应对新形态行为时可能会显得力不从心，此时法律必须对这些新形态行为就其新特点给予有针对性的回应，这对于法治建设来说，任务无疑是紧迫而巨大的。例如，我国互联网发展极其迅速，截至 2017 年 12 月，中国网民规模达 7.72 亿，互联网普及率达 55.8%①。基于我国互联网的特性，网络谣言之于传统谣言呈现出截然不同的特性，这种特性不仅仅停留在传播方式上，其传播范围以及传播节奏与传统谣言的差异亦不可以道里计。目前如果仅仅以网络实名制、在《刑法》中增加若干罪名来加以应对，恐怕难以达到理想的效果。

另一方面，对于科技可能带来的不良后果，法律同样需要给予回应。

① 中国互联网络信息中心．中国互联网发展统计报告，2018-01-31.

在推动人类进步、给人们生活带来便利舒适的同时，科技也会带来一些负面作用和不良后果。如何利用其长处、克服并避免其短处，是法治化进程中无法回避的问题。例如，对于代孕、克隆、区块链、人工智能等科学技术可能带来的不良后果，法律是选择缄默还是进行限制？如果法律认为应当对其进行限制，那么应如何论证其限制的合理性以及在多大程度上进行限制？在某些时候科学技术是把双刃剑，在对不良后果进行限制的同时如何避免限制其发展，是一个非常值得关注的问题。从宏观的角度看，如霍金所言："一旦经过人类的开发，人工智能将会自行发展，以加速度重新设计自己。""由于受到缓慢的生物演化的限制，人类不能与之竞争，最终将会被代替。""为了对付这种威胁，互联网企业必须做出更多行动，但困难的是在消除威胁的同时避免牺牲自由和隐私。"① 由此看来，法治甚至需要思索有关人类命运的问题。高速发展的科技给法治带来的挑战不可谓不巨。

二、立法领域的问题与挑战

改革开放以来，我国一贯实行"立法先行"的法治发展模式，这一模式给中国法治建设，特别是立法工作带来了巨大的成就，但是不可否认也带来了一些问题。

（一）有法可依仍需进一步落实

党的十一届三中全会确立了"有法可依，有法必依，执法必严，违法必究"的社会主义法制建设十六字方针，为社会主义法治建设开启了崭新征程。党的十八大报告提出了"科学立法、严格执法、公正司法、全民守法"新十六字方针。这是一个质的飞跃，表明中国的法治建设开始了一个新的时代。但是，虽然中国特色社会主义法律体系已经形成，却不意味着我国法律规范体系已然全方位落实了"有法可依"的要求。目前某些领域

---

① 翼飞，霍金．人工智能会导致人类灭亡．腾讯网，2014-12-04．

的立法仍处于真空状态。比如，公民基本权利保护的配套具体法律仍旧缺位。我国《宪法》第二章规定了公民的言论自由、出版自由、宗教信仰自由、住宅不受侵犯的权利、人身自由不受侵犯的权利等公民基本权利，但是缺少相关的具体法律对这些公民基本权利的保护与救济进行实体与程序性的规定，这给落实这些重要的公民基本权利带来困难；行政法领域一些基础性、综合性、全局性的法律仍然缺失；关于生态文明建设方面的法律如自然保护区法等一系列法律规范尚待制定；根据十八届四中全会决定，要“完善全国人大及其常委会宪法监督制度，健全宪法解释程序机制”，而如今关于宪法解释的具体法律规范依然空缺。

（二）立法质量有待进一步提高

目前，有些法律法规还未能全面反映客观规律和人民意志，解决实际问题有效性不足，针对性、可操作性不强；立法效率需要进一步提高；立法工作中部门化倾向、争权诿责现象较为突出，有的立法实际上成了一种利益博弈，不是久拖不决，就是制定的法律法规不大管用；一些地方利用法规实行地方保护主义，损害国家法治统一。此外，各领域立法还不太平衡，一些领域的立法如经济立法、行政立法发展较快，而另一些领域的立法如社会立法相对滞后；有些领域的立法超前于社会发展，超出了社会的一般承受能力，给执法、司法带来困难，而有些领域的立法则落后于社会发展或者不能随着社会经济的发展而发展完善，法律不能很好地为经济社会发展服务。

（三）立法体系的统一性仍待改进

当前，法律、法规、规章等规范性法律文件重复性、冲突性问题比较突出，这大大减损了“有法可依”的实现程度，损害了国家法制的完整性与统一性，同时也造成了立法资源的极大浪费。

此外，立法工作还面临着诸多挑战。一是立法的任务越来越重；二是立法的难度越来越大，很多立法涉及一些深层次的制度调整和利益调整；三是要求越来越高，人民群众对立法的要求已经不是有没有，而是好不好、管不管用；四是立法的节奏越来越快，法治实践、社会实践对立法需求很大，要求尽快推进。

习近平总书记指出："要坚持问题导向，提高立法的针对性、及时性、系统性、可操作性，发挥立法引领和推动作用。"[①] 立法工作，我们仍然在路上。

三、执法领域的问题与挑战

法律的生命力在于实施，法律的权威也在于实施。如果法律不能够有效实施或者实施不力，那么制定再多的法律也无济于事。相较于立法、司法、守法等领域来说，目前执法领域中存在的问题较多，诸如执法不严、多头执法、多层执法、选择性执法、执法不规范不严格不透明不文明等现象仍不同程度地存在，损害了政府公信力，阻碍了法治建设进程。具体言之，执法领域中主要面临以下几大问题：

（一）执法体制有待进一步完善

执法体制就是执法机关各自的权限划分及其相互关系。目前，我国行政执法体制存在的比较突出的问题是：执法不严、权责脱节、基层虚弱，各自为政、界限不清、权责交叉，利益驱动、监督不到位、责任缺失。近年来，各地在不断探索行政执法体制改革，也推出了一些改革措施，但是这些改革和探索的效果并不明显。主要原因就是很多问题属于行政体制问题[②]。因此，执法体制中存在的问题是执法领域中首先应该解决的问题。

（二）执法主体依法行政意识和能力不强

执法人员依法行政意识不强、能力不足是当前执法领域中普遍存在的问题。有些执法人员法律工具论思维、官本位思维、管理式行政思维、人

① 习近平在庆祝全国人民代表大会成立60周年大会的讲话. 中国人大网，2014-09-06.

② 马怀德. 新时代法治政府建设的意义与要求. 中国高校社会科学，2018（5）.

治思维等尚未得到彻底纠正；有些执法人员职责意识不强；有些执法人员面对新情况新问题时处理能力不足，例如，在应对网络谣言、网约车、共享单车等新兴社会经济现象时，缺乏包容度，仍然秉持传统监管性理念，不能有效解决问题，引起群众的不满。

此外，还有些执法人员对执法知识的更新掌握不及时。随着社会经济的快速发展，法律法规知识的更新速度也比较快，但有些行政机关对于工作人员的培训流于形式；有些执法人员对法律法规知识的更新重视不足、掌握不够，致使无法落实法律法规规定，损害了法律的权威性。

（三）执法程序制度尚存在一定缺漏

其一，缺乏综合性的行政程序法。虽然我国已经制定了《行政处罚法》《行政许可法》《行政强制法》等一系列规范行政执法程序的法律法规，但仍缺乏统一的行政程序法，影响了行政程序法律体系的完善。

其二，执法过程随意性较大。有调研发现，只有32%左右的城市制定并对外公布了详细完备的执法流程，并提供了清晰有效的流程示意图。其余城市，要么参照省级标准予以适用；要么虽有流程图，但太过粗疏；要么没有公布执法流程，既不能约束执法人员依法行使职权，也无法为相对人维护权益提供指引①。实践中，运动式执法、随意检查、暴力执法、钓鱼执法等不合法不合理的执法形态也时有发生。执法的随意性危害巨大：一是损伤了法治的统一性，因为无法做到同样问题同样处理；二是损伤了法治政府的形象；三是造成公权力失信，行政执法随意乃是政府失信于民的表现，长此以往，政府必然丧失公信力。

> 古罗马历史学家塔西佗提出了一个理论，说当公权力失去公信力时，无论发表什么言论、无论做什么事，社会都会给以负面评价。这就是“塔西佗陷阱”。我们当然没有走到这一步，但存在的问题也不谓不严重，必须下大气力加以解决。如果真的到了那一天，就会危及

① 中国政法大学法治政府研究院．法治政府蓝皮书：中国法治政府评估报告（2017）．北京：社会科学文献出版社，2017：135.

党执政基础和执政地位。

——习近平在兰考县委常委扩大会上的讲话

其三，缺少行政执法裁量权行使准则。如果行政执法裁量权行使缺乏明确指引，就会造成行政执法过程中的不公平执法、选择性执法、不公开执法、钱权交易等不合法不合理现象，严重阻碍依法行政的步伐。

其四，简易程序适用范围过窄。2017 年新修正的《行政处罚法》第 33 条将适用简易程序的条件依然规定为“违法事实确凿并有法定依据，对公民处以五十元以下、对法人或者其他组织处以一千元以下罚款或者警告的行政处罚的”，与 20 多年前所制定的《行政处罚法》所设定的条件别无二致。20 多年前设置如此狭窄的简易程序适用范围应当是考虑到当时的行政执法形势，而如今执法主体规范化程度稳步提升①，如果依然规定如此严格的适用条件，会在很大程度上降低行政程序的效率。

（四）执法的信息化建设与网络化建设有待进一步加强

在当前社会，执法的信息化建设与网络建设，是落实“依法公开权力运行流程，让权力在阳光下运行，让广大干部群众在公开中监督，保证权力正确行使”最为有效的方式。尽管执法机关在积极推行执法的信息化和网络化方面取得了一定的进展，但目前我国行政执法的信息化建设与网络化建设依然存在一些问题。如行政执法监督网络平台碎片化，既不统一，也不开放。有关调研结果显示，很少有城市建立统一、适度开放的行政执法监督网络平台。在网络平台内容方面，鲜有城市涵盖了执法人员信息查询、执法进度查询、执法信息公示及投诉反馈等丰富的内容。另外还存在网上执法普及度低，执法结果公示不够规范等现象②。

（五）非诉行政执行面临困境

非诉行政执行是我国行政强制制度的重要组成部分，2011 年制定的

① 中国政法大学法治政府研究院．法治政府蓝皮书：中国法治政府评估报告（2017）．北京：社会科学文献出版社，2017：133.

② 同①136.

《行政强制法》专章规定了“申请人民法院强制执行”的非诉行政执行制度。该制度自《行政诉讼法》规定以来，虽不断发展，但在制度规范和实践操作中均存在诸多问题。突出表现在：因基本依据之间的矛盾、裁执分离模式处境尴尬等导致的模式不定；法院内部在立案、审查、执行各阶段机构不一；法院对于撤回执行申请的处理不统一；法院对非诉行政执行裁定书送达主体不清、程序不明等造成程序上的混乱；因法院审查方式不明确、审查标准难以把握、审查后果的多样化等而产生的审查不清；因权利人申请执行的具体行政行为范围过窄、条件不具体、未赋予被执行人对非诉行政执行裁定书的救济权而表现出的保障救济不足；等等。

非诉行政执行制度面临困境除了有执法人员的执法水平低、执法知识水平弱、执法程序意识差这些原因，更存在体制机制上的原因。首先，对非诉行政执行在理论上存在不同的认识，在制度规定上也不统一，乃至相互矛盾，而这又不可避免地造成实践中非诉行政执行的混乱。理论上，对于非诉行政执行的性质及其正当性和合理性，学界存在截然不同的观点：就其性质而言，有的认为非诉行政执行是行政行为，有的则认为非诉行政执行是司法行为。就其正当性和合理性而言，有学者从法院司法的被动性、当事人诉权的丧失以及执行后果责任不清等方面，否认非诉行政执行的正当性和合理性；与此相反的观点不仅认为非诉行政执行具有正当性和合理性，而且认为还要进一步发展为行政诉讼的一种新的类型，即执行诉讼①。其次，对于生效行政行为的执行，目前的法律规定又很不相同。有的明确授权给行政机关，如《水法》第65条；有的规定行政机关要申请法院强制执行，如《土地管理法》第83条；还有的规定本身比较模糊，如《城乡规划法》第68条。

---

① 马怀德．行政诉讼原理．北京：法律出版社，2003：479-480；傅士成．行政强制研究．北京：法律出版社，2000：285；罗豪才．行政审判问题研究．北京：北京大学出版社，1990：263；高树德，郑永强．我国行政执行的理论误区与执行制度的重构．开封市龙亭区人民法院网，2009-08-31．张树义．寻求行政诉讼制度发展的良性循环．北京：中国政法大学出版社，2000：343；薛刚凌．行政诉权研究．北京：华文出版社，1999：180-181．

四、司法领域的问题与挑战

经过多年努力，我国的司法领域取得显著的成绩。特别是党的十八大以来，司法改革可谓是法治建设的重中之重，成就突出，进步巨大。但同时，依旧有许多问题有待解决。

（一）司法公开制度有待进一步加强

司法公开是我国《宪法》确定的一项原则，党的十八届四中全会决定就司法公开提出了明确要求："构建开放、动态、透明、便民的阳光司法机制，推进审判公开、检务公开、警务公开、狱务公开，依法及时公开执法司法依据、程序、流程、结果和生效法律文书，杜绝暗箱操作。加强法律文书释法说理，建立生效法律文书统一上网和公开查询制度。"① 就司法公开而言，目前我国存在以下主要问题：

其一，思想认识不足。少数司法机关对于实现全面司法公开仍有抵触情绪，未能在深层次上认识到司法公开对于减少司法腐败、实现司法公正的重大意义。例如有些司法人员认为司法公开是一柄双刃剑，有助于树立司法权威的同时亦存在破坏司法权威的可能性；有些司法人员认为司法公开给法院的工作带来不必要的压力与负担。

其二，司法公开的制度性构建尚不发达、不系统、不全面。目前相关的法律法规较为单薄，规范主要集中在《关于加强人民法院审判公开工作的若干意见》《关于司法公开的六项规定》《关于人民法院在互联网公布裁判文书的规定》《最高人民法院关于人民法院在互联网公布裁判文书的规定》等少数几部规范性文件上。

其三，司法公开信息的精细化程度不足。这一问题主要出现在基层人民法院。由于基层人民法院案多人少矛盾突出，线下处理案件人手尚不敷

---

① 中共中央关于全面推进依法治国若干重大问题的决定. 北京：人民出版社，2014：24.

用，线上信息录入的全面性与及时性自然要大打折扣，这直接影响了司法公开的质量以及精细化程度。

其四，反向公开制度尚待进一步落实。《最高人民法院关于人民法院在互联网公布裁判文书的规定》第 6 条规定：“不在互联网公布的裁判文书，应当公布案号、审理法院、裁判日期及不公开理由，但公布上述信息可能泄露国家秘密的除外。”此即反向公开制度。目前这一制度有待进一步落实。根据 2017 年 6 月 5 日吉林省高级人民法院召开的司法公开主题新闻发布会，全国唯有吉林省实现了全省法院反向公开裁判文书。

（二）审判责任制度在实践中存在一定的问题

习近平总书记指出：“要健全权力运行制约和监督体系，有权必有责，用权受监督，失职要问责，违法要追究。”① 党的十八届三中全会决定提出：“完善主审法官、合议庭办案责任制，让审理者裁判、由裁判者负责。”② 党的十八届四中全会决定进一步提出，“明确各类司法人员工作职责、工作流程、工作标准，实行办案质量终身负责制和错案责任倒查问责制”③。2015 年出台的《最高人民法院关于完善人民法院司法责任制的若干意见》关于审判责任制度做了“审判责任的认定和追究”的具体制度化构建。即便理论与制度建设已逐步完善，但我国审判责任制度在具体实践中依然存在一定的问题。

其一，相关追责主体在判断审判主体的责任时，往往过分强调客观因素，如裁判是否错误、审判行为是否存在违法违纪现象，而轻视主观因素。其实判断是否构成审判责任应当是一个主客观相结合的判断过程，既需要判断相关审判人员所审理的案件是否存在认定事实错误、认定事实不清、适用法律错误、程序严重违法、裁判结果明显失当等客观问题，亦需要在主观方面进行审查，判断主观方面属于故意、重大过失、一般过失抑或一般法律认识差异④。一味

① 习近平．在首都各界纪念现行宪法公布施行 30 周年大会上的讲话．新华网，2012－12－04．

② 中共中央关于全面深化改革若干重大问题的决定．北京：人民出版社，2013：34．

③ 中共中央关于全面推进依法治国若干重大问题的决定．北京：人民出版社，2017：23．

④ 陈卫东．合法性、民主性与受制性：司法改革应当关注的三个“关键词”．法学杂志，2014（10）．

只追求客观而放弃主观判断，会严重钳制审判人员审判行为的独立性，亦不利于全社会培养正确的法治氛围。

其二，审判责任制度与信访责任制度联系过于紧密。2013 年年底中共中央办公厅、国务院办公厅出台的《关于依法处理涉法涉诉信访问题的意见》规定："完善执法司法责任制，严格落实办案质量终身负责制。"坚持把责任追究作为依法处理涉法涉诉信访问题的重要内容，健全执法过错发现、调查、问责机制，严格倒查执法办案中存在问题的原因和责任，严肃查处错案背后的执法不公、不廉等问题。对于推诿搪塞上访群众，不及时受理、不按期办结，造成案件积压，形成新的重复访、越级访、非正常访的；对于不依法公正处理，导致矛盾激化升级，造成严重后果的；对于错误裁判，拒不依法纠正的，依纪依法追究办案人员和相关领导的责任。对于涉法涉诉信访问题高发，或不依法及时处理，造成案件严重积压的地方，党委政法委、上级相关政法单位要倒查该地区相关政法单位领导班子在队伍建设、执法管理等方面的失职渎职行为，限期整改。根据该意见精神，在目前的司法实践中，审判责任制度与信访责任制度联系就显得过于紧密，甚至个案的处理会导致对审判机关领导人员的追责。出于利益的考量，该种机制往往会激发审判机关领导人员干预个案的动力，从而减损具体办理案件的审判人员的审判独立性。

其三，具体制度仍有缺位、散乱现象。我国虽然已经规定了审判责任制度，也基于《最高人民法院关于完善人民法院司法责任制的若干意见》做出了一定的具体制度性构建，但是目前具体制度性规定中仍存在缺位与散乱问题。例如没有明确规定追究审判责任的主体，没有构建一套行之有效的追究相关审判人员审判责任的程序性规定。因此，在司法实践中，各地法院往往会根据自身实际做出相关制度性安排，这导致了各地就审判责任的追究问题的做法标准不一、程序不同、相互冲突、彼此矛盾，引起民众对于司法公正性的质疑。

（三）法官员额制改革过程中存在的问题

法官员额制改革是党的十八大以来司法改革的核心工作之一，是推进法官专业化、职业化，优化司法人员资源配置的制度保障。通过严格的考核机制，选拔优秀的法官进入员额，实现“法官精英化”，即法官“以专业化和职业化为背景，在法律素养、实践能力、人文精神和人格品质等方面具有高度卓越性，并因此而获得社会的高度评价与尊重，具有法律保障下的优厚地位”①。此次司法体制改革将法官员额控制线确定为39%，即法官员额数必须控制在法院专项编制数39%以下。可以预见，我国的司法体制改革将沿着正确的方向着力推进，今后法官的员额比例将会进一步降低。但在此过程中，我们必须首先关注目前法院员额制改革过程中已经暴露出的问题。

其一，法官流失现象较为严重。员额制改革虽然优化了法官队伍，但入额法官只占法官人数的百分之三十几，员额制改革完成后，立刻出现“案多人少”的矛盾，且多数法院并未在完成法官员额制改革的同时，按1∶1∶1的配置比例解决法官助理和合格书记员的配备，使入额法官不堪重负，不仅办案效率受到影响，办案质量也难以保障，因而导致法官流失现象较为严重。

其二，未入额法官的安置问题有待进一步细化。据最高人民法院有关负责人介绍，目前实践中大体有四种渠道安置未入额法官：“一是转任为法官助理，继续在审判业务部门协助员额法官办案；二是转任司法行政人员，到综合部门工作；三是一些年纪较大的法官从事案件评查、诉前调解等工作；四是交流到其他党政部门。”② 可以预见，转任法官助理的未入额法官在审判业务部门协助员额法官办案时会产生一定的抵触情绪。此虽人之常情，但这样的工作状态势必对法院内部的工作环境、工作效率等产生不良影响，造成一定程度的权力内耗，不利于审判机关将自己的全部精力投诸案件办理相关工作。

除此而外，有些省份在安置未入额法官的问题上没有能够认真执行中央司法改革精神，让未入额法官在过渡期内继续按司法改革前的方式办理案件，“具有审判员、助理审判员职务的未入额法官仍可以继续按照原有模式承办案件，对于未入额法官承办案件的范围没有明确规定”③。

① 谭兵，王志胜. 论我国法官的精英化. 现代法学，2004（2）.

② 马学玲. 砍掉12%法官 最高法员额制改革严把遴选入口关. 中新网，2017-07-04.

③ 张琳，李忠勇，李筱珊. 关于未入额法官办案问题的调查研究. 中国应用法学，2017（4）.

（四）司法解释需要给予明确定位

党的十八届四中全会决定要求“加强和规范司法解释和案例指导，统一法律适用标准”①。在实践中，司法解释因为其所具有的细化、具体化等特征，越来越为侦查、检察、审判人员所重视，出现了司法解释具有普遍法律效力的认识倾向。但是，根据我国《宪法》《立法法》的规定，在我国，唯有全国人民代表大会及其常务委员会享有国家立法权，其行使立法权所制定的规范性法律文件方为法律，才具有普遍性的法律效力，而法院、检察院所制定的规范性文件都不具有与法律相同的普遍性的法律效力。因此，应当明确将司法解释效力限制在各自所针对的审判活动以及检察活动之中，不得超出具体范围而作为公民、法人、其他组织以及国家一般活动的行为指引与规范，否则司法解释将有僭越法律的倾向。

司法解释如何定位？根据《中共中央关于全面推进依法治国若干重大问题的决定》精神，应当将司法解释明确定位在“高效的法治实施体系”上予以认识与规范。在这一框架下，每一件、每一条司法解释都应当明确针对某个具体的法律规范，乃至明确针对某个法条中的某个具体法律要件，并依据严格的法学方法论方式，在既有规则框架内进行进一步具体的解释。

五、法治精神与法治思维领域的问题与挑战

法治精神与法治思维对于全面推进依法治国、加强法治建设无疑意义重大。正如有些专家所提出的，法治精神对于法治本身具有本体性意义、对于法治国家建设具有功能性意义、对于加快国家建设亦具有手段性意义②。

① 中共中央关于全面推进依法治国若干重大问题的决定．北京：人民出版社，2014：23.

② 江必新．法治精神的属性、内涵与弘扬．法学家，2013（4）.

党的十八大以来，中央对党员干部特别是领导干部的法治精神和思维十分重视，要求党员干部善于运用法治思维和法治方式解决问题、推动工作，自觉提高运用法治思维和法治方式深化改革、推动发展、化解矛盾、维护稳定的能力，要求高级干部尤其要以身作则、以上率下。同这些要求相比，实践中这一领域问题不少。

（一）重实体、轻程序，重结果、轻规则现象仍然存在

法治精神与法治思维的核心要义是“立规矩、讲规矩、守规矩”。任何实体的公正以及结果的合理，都必须建立在尊重规则、遵守规则的基础上，没有这一基础，实体的公正以及结果的合理便无从谈起。实体与程序、结果与规则，是对立统一关系，两者不可偏废，也没有先后轻重之分，正如党的十八届四中全会决定所要求的，“办案结果符合实体公正，办案过程符合程序公正”①。长期以来，受诸多因素的影响与制约，我国实践中执法人员、司法人员都存在一定的“重实体，轻程序；重结果，轻规则”的倾向。在这样的思想倾向的影响下，现实中存在诸多无视规则、牺牲规则、改变规则、曲解规则等不合理、不合法的现象，这是在今后推进法治建设的过程中必须予以纠正的。

（二）重人情、轻规则思想依然存在

“重人情，轻规则”有诸多表现，如“信访不信法”“找人不找法”等。中国社会是一个人情社会，人情思维在社会各个方面都不同程度地存在。从本质上说，人情思维与法治精神是相悖的，人情思维缺乏契约观念和平等精神，比如，对于同一事情，没有法律标准，因人而异；严格依法办事只是针对与自己毫无关系的人；执法人员往往会给予有关系的当事人某种照顾等。人情思维会使人无法形成对法律的信任，带来负荷极大的道德压力，会扭曲法律的运作逻辑，消解对法治的理解和追求②。如果允许

① 中共中央关于全面推进依法治国若干重大问题的决定．北京：人民出版社，2014：23.

② 陈保中．法治思维．上海：上海人民出版社，2016：109.

人情介入到法治运行中来，则会对法治产生极其消极的影响，公权力的运行将会陷入人情网和关系网的泥淖，代表国家行使公权力的国家工作人员也可能一步步滑向腐败的深渊。

（三）重权力、轻规则现象依然存在

有学者曾对领导干部法治思维状况及其培育机制问题做过专门研究，在向受访者调查"您感受到领导干部在行使行政权力时首先考虑的是什么?"时，发现结果如表 4－1 所示：

表 4－1　　您感受到领导干部在行使行政权力时首先考虑的是什么?

	频数	百分比（%）
上级指示	121	30.95
单位利益	60	15.35
法律规定	161	41.18
公序良俗	18	4.60
当地风俗习惯	10	2.56
个人执法经验	21	5.37
合计	391	100.00

资料来源：梁平，李少军．领导干部法治思维状况及其培育机制研究．河北法学，2016(12).

从表 4－1 中可以看出，受访者认为近三成的领导干部在行使行政权力的时候，首先考虑的是"上级指示"，这一定程度上反映了"重权力、轻规则"的思维倾向。2013 年年初，习近平总书记提出，要加强对权力运行的制约和监督，把权力关进制度的笼子里。有关部门也出台了一系列法律法规，权力监督制约机制越来越完善，实践中权力本位、官本位、官僚作风等现象得到了极大的改善，但我们依然应当看到，"重权力、轻规则"这一不符合法治精神与法治思维的思维倾向仍旧存在。

（四）偏重形式化以及抽象化理解规则，不注重理解实质规则

这一问题在相关调查中（见表 4－2），显得极为严重。

表 4－2　您认为领导干部的法治思维和法治能力方面存在哪些问题？（可多选）

	频数	百分比（%）
了解只言片语，未理解真正内涵	235	60.10
不主动学习，不懂法律规定	118	30.18
知道法律规定，但“嘴上一套，行动一套”	320	81.84
认为执法者不会受法律追究	115	29.41

资料来源：梁平，李少军. 领导干部法治思维状况及其培育机制研究. 河北法学，2016(12).

法治本身不应当仅停留在修辞层面，全社会都应当有这样的意识。在法治建设的过程中，我们应当认真理解法治的实质，将其从形式化、抽象化的概念落实到具体的实践以及操作中。不能仅仅停留在了解相关的只言片语、不理解实质内涵的状态，这样的状态会使“法治建设”“依法治国”等一系列重大战略口号化、形式化、虚空化。目前基层实践中经常出现的把法治等同于搞普法教育、搞法制宣传、搞检查评比等现象就是一种典型的形式化以及抽象化理解法治的表现，这其实也是法治精神与法治思维的缺失，非常不利于依法治国这一治理国家基本方略的推进。

第五章　努力开创全面推进依法治国新局面

法者，治之端也。

——（战国）荀子

国无常强，无常弱。奉法者强则国强，奉法者弱则国弱。

——《韩非子·有度》

法治兴则国家兴，法治衰则国家乱。党的十八大以来，以习近平同志为核心的党中央提出了全面依法治国新战略，开辟了全面依法治国理论和实践的新境界，开启了中国特色社会主义法治的新时代。全面依法治国在各领域、各环节深入推进，一系列重大举措有力展开，汇聚起推进社会主义法治建设的磅礴伟力，展现出建设社会主义法治国家的宏伟气象。完备的法律规范体系、高效的法治实施体系、严密的法治监督体系、有力的法治保障体系和完善的党内法规体系这“五大体系”共同构筑起法治体系这一法治建设的“骨架”。

2017 年召开的党的十九大对全面依法治国进行了新的阐释，并对下一个阶段全面深化依法治国做出了具体的部署，报告指出：“全面依法治国是国家治理的一场深刻革命，必须坚持厉行法治，推进科学立法、严格执法、公正司法、全民守法。成立中央全面依法治国领导小组，加强对法治中国建设的统一领导。加强宪法实施和监督，推进合宪性审查工作，维护宪法权威。推进科学立法、民主立法、依法立法，以良法促进发展、保障善治。建设法治政府，推进依法行政，严格规范公正文明执法。深化司法体制综合配套改革，全面落实司法责任制，努力让人民群众在每一个司法案件中感受到公平正义。加大全民普法力度，建设社会主义法治文化，树立宪法法律至上、法律面前人人平等的法治理念。各级党组织和全体党员要带头尊法学法守法用法，任何组织和个人都不得有超越宪法法律的特权，绝不允许以言代法、以权压法、逐利违法、徇私枉法。”①

正所谓改革没有完成时，只有进行时，法治建设同样如此。在现有成绩的基础上，党的十九大为全面推进依法治国指明了方向和道路。“虽然我们已走过万水千山，但仍需要不断跋山涉水。”② 我们应该继续在实践中发现问题、思考问题、解决问题，努力开创全面推进依法治国的新局面。

一、继续加强和改进党对全面推进依法治国的领导

> 党的领导是中国特色社会主义最本质的特征，是社会主义法治最根本的保证。
>
> ——《中共中央关于全面推进依法治国若干重大问题的决定》
>
> 党政军民学，东西南北中，党是领导一切的。
>
> ——习近平

方向决定道路，道路关乎党的命脉，关乎国家前途、民族命运与人民幸福。中国特色社会主义法治道路，是社会主义法治建设成就和经验的集中体现，是建设社会主义法治国家的唯一正确道路。如何坚持中国特色社

① 习近平．决胜全面建成小康社会 夺取新时代中国特色社会主义伟大胜利：在中国共产党第十九次全国代表大会上的报告．北京：人民出版社，2017：38-39.

② 习近平．开放共创繁荣 创新引领未来：在博鳌亚洲论坛2018年年会开幕式上的主旨演讲．人民日报，2018-04-11.

会主义法治道路？如何保证中国特色社会主义道路的方向？答案就是坚持党的领导。坚持中国特色社会主义法治道路，最根本的就是坚持中国共产党的领导。

党的领导是全面推进依法治国、加快建设社会主义法治国家最根本的保证，这是改革开放40年来中国法治建设的宝贵经验，也是我们已经取得的、正在进行的和将要开展的中国特色社会主义法治建设必须遵循的基本原则。党的坚强领导，是国家法治建设的主心骨、定海针。因此，我们要继续坚持党总揽全局、协调各方的领导核心作用，努力做到“三个统一”“四个善于”，同时，不断改善党对依法治国的领导，坚持依法执政，增强运用法治手段处理问题、解决矛盾的能力，把法治思维贯彻到党执政兴国的方方面面。

（一）继续坚持依法执政

依法执政是党治国理政的基本方式，“在我国，党的领导是执政的前提和基础，没有党的领导地位，就没有党的执政地位。党的领导活动有相当一部分内容特别是对国家政治生活的领导同时也是执政的内容”①。

依法执政是依法治国的关键。坚持依法执政首先要坚持依宪执政，把实施宪法摆在全面依法治国的突出位置，采取一系列有力措施加强宪法实施和监督工作，为保证宪法实施提供强有力的政治和制度保障。各级党组织和领导干部要深刻认识到，维护宪法法律权威就是维护党和人民共同意志的权威，捍卫宪法法律尊严就是捍卫党和人民共同意志的尊严，保证宪法法律实施就是保证党和人民共同意志的实现。各级领导干部要对法律怀有敬畏之心，牢记法律红线不可逾越、法律底线不可触碰，带头遵守法律，带头依法办事，不得违法行使权力，更不能以言代法、以权压法、徇私枉法。

坚持依法执政，要健全党领导依法治国的制度和工作机制，完善保证党确定依法治国方针政策和决策部署的工作机制和程序。加强对全面推进

① 马军卫．加强和改进党对全面推进依法治国的领导．中共济南市委党校学报，2016（6）．

依法治国的统一领导、统一部署、统筹协调。完善党委依法决策机制，发挥政策和法律各自的优势，促进党的政策和国家法律互联互动①。

（二）进一步完善党内法规制度建设

党的十八届四中全会决定指出，要加强和改进党对全面推进依法治国的领导，必须进一步加强党内法规制度的建设。中共中央《关于加强党内法规制度建设的意见》指出，治国必先治党，治党务必从严，从严必依法度。加强党内法规制度建设，是全面从严治党、依规治党的必然要求，是建设中国特色社会主义法治体系的重要内容，是推进国家治理体系和治理能力现代化的重要保障，事关党长期执政和国家长治久安。“全面推进依法治国，必须努力形成国家法律法规和党内法规制度相辅相成、相互促进、相互保障的格局。”②

党内法规制度体系，是以党章为根本，以民主集中制为核心，以准则、条例等中央党内法规为主干，由各领域各层级党内法规制度组成的有机统一整体。完善党内法规体系，最主要的是坚持目标导向和问题导向，按照“规范主体、规范行为、规范监督”相统筹相协调原则，完善以“1＋4”为基本框架的党内法规制度体系，即在党章之下分为党的组织法规制度、党的领导法规制度、党的自身建设法规制度、党的监督保障法规制度四大板块。

形成完善的党内法规体系，首先必须健全基础主干党内法规。虽然目前基础主干党内法规大多已制定出来，但仍有不健全之处。有些重要的基础主干党内法规尚未制定，有些因存在缺陷或滞后而亟须修改完善，有些综合性党内法规存在缺位。这就需要我们继续加强党内法规制定工作，着眼于基本框架的完善，进一步健全基础主干党内法规。其次必须制定完备的配套党内法规。党的十八大以来，以习近平同志为核心的党中央以党章为根本遵循，共修订颁布了90余部党内法规，党内法规制度建设取得重大进展。但目前仍然存在影响党内法规体系可操作性和执行力的因素，其中

① 马军卫. 加强和改进党对全面推进依法治国的领导. 中共济南市委党校学报，2016（6）.

② 习近平. 关于《中共中央关于全面推进依法治国若干重大问题的决定》的说明//中共中央关于全面推进依法治国若干重大问题的决定（辅导读本）. 北京：人民出版社，2014：53.

之一就是体系化不足。鉴于此，我们必须高度重视配套党内法规的制定工作。一是要重视基础主干党内法规的配套法规。明确配套党内法规制定工作的总体要求和具体安排，以保证配套党内法规制定工作的及时、规范、有序开展；梳理现有的基础主干党内法规，根据具体情况及时开展相关配套党内法规的制定或修改工作，以保证基础主干党内法规都有完备的实施办法和实施细则相配套；通过执法检查和党内法规实施后评估等方式，对党内法规的实施情况进行检查或评估，及时开展相应的制定或修改工作，以保证相关配套党内法规与时俱进。二是建立相关配套党内法规与基础主干党内法规“三同步”制度。借鉴国家立法的有益经验，建立相关配套党内法规与基础主干党内法规的“三同步”，即同步起草、同步出台、同步实施。这就要求在制定基础主干党内法规的同时，对其相关配套党内法规的制定工作做出安排部署，对于因客观原因确实不能做到“三同步”的，有关部门也应在尽可能短的时间内出台相关配套党内法规，以避免滞后。

党内法规制度建设是一项系统工程，覆盖规划计划、起草审核、解释评估、备案清理、理论研究、贯彻执行等整个工作链条。在完善党内法规体系的过程中，必须坚持法制统一原则，确保各项法规之间的协调统一。一是建立健全党内法规的统筹规划机制。加强对党内法规制定工作的统筹规划，明确党内法规制定工作的长期规划目标和短期规划目标，并据此制定详细的党内法规制定规划，拟订年度计划，分解任务目标，并采取有力措施督促各项规划任务的落实，以保证整个党内法规制定工作规划有计划、有步骤实施。二是建立健全党内法规的审议审核机制。党内法规制定部门应借鉴国家立法的有益经验，建立党内法规的“三读”审议审核程序机制，分阶段、分目标地落实审议审核任务。三是建立健全党内法规的动态清理机制。这是党内法规体系协调统一的重要保证。四是建立健全党内法规的备案审查机制。这是在当前党内法规制定主体多元的情况下，保证党内法规体系统一的重要途径。当前，虽然我们已经初步建立了党内法规备案审查机制，但还不够健全。可以设立专门的党内法规备案审查机构，配备专门的工作人员，使其专门承担党内法规的备案审查工作，保证党内法规备案审查工作开展的常态化；建立健全党内法规备案审查的程序机制，明确党内法规备案审查的范围、时间、期限、步骤、方法、处理办法等，实现党内法规备案审查工作的程序化、规范化；制定科学的党内法规备案审查标准，保证备案审查工作的科学性和权威性①。

（三）提高党员干部法治思维和依法办事能力

全面推进依法治国，提高党员干部的法治思维和依法办事能力是关键。必须提高党员干部特别是领导干部带头学法、模范守法的能力，造就一支宏大的具有法治素养和法治意识的治国理政干部队伍。

其一，大力重视法治思维养成，积极教育引导党员干部在学习和实践中提高依法办事的能力。第一，要牢固树立法治信念。党员干部要从关系社会主义法治国家建设、关系国家治理体系和治理能力现代化、关系党和国家长治久安的高度，进一步深化对法治的认识，怀有对法治发自内心的认同和尊崇。第二，要进一步加强法治学习培训。党员干部特别是领导干部要带头学法，不仅要学习履行职责所需要的法律知识，而且要学习法的原则、原理，学习法的价值、精神。通过学习，知道法律授予了什么权力，这些权力的边界在哪里，权力行使的原则、程序是什么，不依法行使权力需要承担什么责任等，提高依照法定权限、程序行使权力的素养。第三，要高度重视法治实践。法治思维的养成特别是法治能力的提高，主要靠实践。各级领导干部在领导和推进依法治国的过程中，一定要扑下身子、躬身实践，凡是想问题、做决策、办事情，第一原则就是按法律办事，有法律规定的，遵循法律规定；没有法律规定的，遵循法治原则、法治原理。

其二，科学完善干部考核评价机制，切实把法治建设成效和依法履职情况考准考实。党的十八届四中全会决定提出："把法治建设成效作为衡量各级领导班子和领导干部工作实绩重要内容，纳入政绩考核指标体系。"② 按照决定的要求，应当围绕依法执政、科学立法、依法行政、公正司法、平安建设、权力制约等重要环节，科学设定考核指标体系。法治建

① 伊士国．完善党内法规体系的三个着力点．求是网，2017-12-12．

② 中共中央关于全面推进依法治国若干重大问题的决定．北京：人民出版社，2014：36．

设的衡量标准既要体现依法治权的内容，也要体现公众参与、民主建设的内容。要把党员干部遵守党章和党规党纪的情况纳入考核评价的内容，促进广大党员干部不仅模范遵守国家法律，而且按照党规党纪以更高标准严格要求自己①。

（四）强化党的组织在同级组织中的领导地位

理顺党的组织同其他组织的关系，更好发挥党总揽全局、协调各方作用。在国家机关、事业单位、群团组织、社会组织、企业和其他组织中设立的党委（党组），接受批准其成立的党委的统一领导，定期向党委汇报工作，确保党的方针政策和决策部署在同级组织中得到贯彻落实。加快在新型经济组织和社会组织中建立健全党的组织机构，做到党的工作进展到哪里，党的组织就覆盖到哪里。

二、进一步完善以宪法为核心的法律规范体系

法律是治国之重器，良法是善治之前提。

——《中共中央关于全面推进依法治国若干重大问题的决定》

以良法促进发展、保障善治。

——习近平

法治作为规则之治，拥有完备的法律规范体系是基础。目前，中国特色社会主义法律体系已经形成，但远未臻于完备。随着时代的发展，法律规范体系还需要不断地调适、演进、完善。特别是当前中国特色社会主义进入新时代、社会主要矛盾的转化对法律规范体系建设提出了新的要求，人们不再满足于“有法可依”，而是要求以高质量、高标准的法律规范体系来“促进发展、保障善治”。因此，不断提升法律规范供给的质量，形成系统完备、科学规范、运行有效的法律规范体系是中国法治建设的努力

---

① 陈希. 提高党员干部法治思维和依法办事能力. 人民日报，2014-12-17.

目标。

（一）进一步完善宪法实施和监督制度

天下之事，不难于立法，而难于法之必行。

——（明）张居正

宪法是国家的根本法，坚持依法治国首先要坚持依宪治国，坚持依法执政首先要坚持依宪执政。完善以宪法为核心的中国特色社会主义法律体系，应自觉把宪法的基本精神贯彻到立法的全过程，坚持从党和国家事业全局出发，从人民根本利益出发，遵循宪法确立的制度和原则，严格依照法定权限和程序开展立法活动，确保每一项立法都符合宪法精神、反映人民意志、得到人民拥护，切实维护宪法权威。

宪法实施，是宪法保持生命力的关键，也是建设社会主义法治国家的基本要求。从规范意义上来看，“宪法实施是法律实施的一种具体形式，是指宪法规范在现实生活中的贯彻落实，即将宪法文字上的、抽象的权利义务关系转化为现实生活中生动的、具体的权利义务关系，并进而将宪法规范所体现的人民意志转化为具体社会关系中的人的行为”①。宪法的实施，主要通过普通立法使宪法规范得到具体化。宪法作为根本法，不可能囊括所有权利和制度，宪法规范在很大程度上需要依赖或借助于下位法律规范加以实现。因此，进一步完善宪法实施和监督制度，需要做到以下几点：

首先，要坚持立法先行。充分发挥立法的引领和推动作用，恪守以民为本、立法为民的理念，使每一项立法都符合宪法的精神、反映人民的意志、得到人民的拥护，为改革开放和社会主义现代化建设提供坚强的法治根基。因此，不断完善中国特色社会主义法律体系对于宪法实施有着不可替代的重要作用②。

其次，要规范和完善宪法解释机制。应该制定专门的法律，从以下方面对宪法解释活动进行规范：第一，宪法解释的主体是全国人大常委会，

① 周叶中. 宪法. 北京：高等教育出版社，2005：359.

② 苗连营，郑磊，程雪阳. 宪法实施问题研究. 郑州：郑州大学出版社，2016：68-70.

下设专门的宪法委员会，应该强化专门委员会的宪法解释职能。第二，宪法解释的启动方式包括依职权启动和依申请启动两种。依职权启动是指当宪法委员会认为需要解释宪法时，自行草拟和审议宪法解释案，然后提交全国人大常委会审议通过；依申请启动包括有权国家机关申请解释宪法与其他组织与公民申请解释宪法两种，具体制度可以参考《立法法》的相关规定。第三，宪法解释请求的受理，宪法解释案的起草、审议都需要规范化。第四，宪法解释案的通过应当有严格的要求，为了保证宪法解释的权威、提高宪法解释的合理性，宪法解释案的通过应当有别于普通法律，要求全体委员 2/3 以上的多数才能通过①。

最后，要进一步完善宪法的监督机制。宪法监督主要通过合宪性审查实现。全国人大及其常委会具有宪法监督的权力，应当完善全国人大及其常委会的宪法监督制度。具体而言，要完善全国人大及其常委会对法律、行政法规、地方性法规、自治条例、单行条例以及行政机关具体行政行为的监督制度。目前，我国实际上是由作为全国人大常委会工作机构的法制工作委员会（以下简称“法工委”）负责合宪性审查工作。按照现行的立法工作程序，全国人大常委会法工委所要承担的立法调研、立法起草等工作任务是非常繁重的，同时还要承担备案工作。在这些工作任务之外，由其进行具体的合宪性审查工作，的确十分困难。特别是，全国人大常委会法工委的性质是全国人大常委会的工作机构，由其进行合宪性审查，与其性质不十分相符。因此，应当由宪法与法律委员会进行合宪性审查，全国人大常委会法工委在备案审查过程中，如果发现被审查的规范性法律文件存在与宪法不一致的可能时，提交宪法与法律委员会进行合宪性审查。两者的分工非常清晰，即宪法委员会对规范性法律文件进行合宪性审查工作，全国人大常委会法工委对规范性法律文件进行合法性审查工作。

（二）继续坚持科学立法、民主立法和依法立法的基本原则

党的十八届四中全会明确提出提高立法质量的目标，并以科学立法、

---

① 黄进，蒋立山．中国特色社会主义法治体系研究．北京：中国政法大学出版社，2017：57－58.

民主立法作为立法工作的基本原则和提高立法质量的根本途径。习近平总书记提出："科学立法的核心在于尊重和体现客观规律，民主立法的核心在于为了人民、依靠人民。"① 因此，科学立法原则要求立法工作应当秉持开放、务实的理念，深刻把握实际情况、准确表达既有经验、合理预测未来趋势，在此基础上理性地确定各项规范内容；科学地划分法律和其他社会调整规范之间的分工；确保各项制度安排的系统协调；从所需解决的实际问题出发，增强相关规范的针对性、有效性。民主立法原则要求每一项法律从根本上体现人民意志，体现最大多数人的最大利益，将解决人民群众最关心的、最直接的、最现实的利益问题放在法律规范调整的优先位置；实行"开门立法""透明立法"，切实有效地采取各种方式听取和吸纳广大民众意见，积极回应社会关切点，从而使立法更好地体现民情、汇聚民意、集中民智②。

十九大进一步提出"依法立法"，使立法工作的原则体系更加缜密。通过确保立法活动依法而为、于法有据，防止立法活动中的部门利益、地方保护主义以及一些不正当的诉求对立法活动产生不良影响。依法立法原则首先要求立法权限法定，其次要求立法程序法定，最后要求立法审查监督机制的落实。通过加强法规清理制度、备案审查，推进合宪性审查，形成一切规范都以宪法和法律为基础的具有内在自洽性的统一体系③。

（三）进一步完善立法体制机制

中国是以成文法为主要法源的国家，立法是法律发展的主要推动力，立法权是法治中国建设的源头性、基础性权利。而立法体制关涉立法权的配置与运行，是一国立法制度的重要组成部分④。立法体制是关于立法权、立法权运用和立法权载体诸方面的体系和制度所构成的有机整体。新时代法律规范体系建设，必须在坚持和拓展中国自己的法治道路上进行，形成

① 习近平．关于《中共中央关于全面推进依法治国若干重大问题的决定》的说明//中共中央关于全面推进依法治国若干重大问题的决定（辅导读本）．北京：人民出版社，2014：52.

②③ 胡明．用中国特色社会主义法治理论引领法治体系建设．中国法学，2018（3）.

④ 刘风景，李丹阳．中国立法体制的调整与完善．学术交流，2015（10）.

符合中国历史传统和现实国情的立法体制机制。

完善立法体制机制，必须进一步加强党对立法工作的领导，完善党对立法工作中重大问题决策的程序。凡立法涉及重大体制和重大政策调整的，必须报党中央讨论决定。第一，要牢固树立党的意识，自觉保证党的领导贯穿立法工作全过程，包括保证党对立法工作的政治领导、思想领导、组织领导。第二，健全请示报告制度，保证党领导立法工作落到实处。第三，健全党组工作制度，发挥党组在人大立法工作中的领导核心作用，包括加强对立法工作的政治领导，协调解决立法工作中的重大问题，加强立法干部队伍建设。第四，坚持在党的领导下充分行使地方立法权，包括坚持在党的领导下发挥立法的引领和推动作用，发挥人大及其常委会在立法工作中的主导作用，深入推进科学立法、民主立法。

完善立法体制机制，必须进一步发挥人大常委会在立法工作中的主导作用。一是牢牢抓住法规立项的主动权。在制定立法规划和计划时，紧紧围绕党委中心工作，从全面深化改革的现实需要出发，对各方面提出的立法项目进行通盘考虑、总体设计、科学选择、严格论证。二是提前介入法规草案的起草工作。对于政府提请审议的法规草案，把握好主导权，加强与法规草案起草单位的沟通联系，提前介入，及时掌握起草进展情况和起草中涉及的重大问题，会同有关方面共同研究立法要解决的重点难点问题，把重大分歧意见解决在起草阶段，加强对法规起草的主导。三是紧紧把握立法审议过程的主导权。在审议阶段，紧紧把握对法规实质性内容的决策主导权，充分发挥专门委员会的审议职能和法制委员会的统一审议职能，科学合理安排人大常委会会议议程，保证法规草案的审议时间，提高审议质量。同时，加强立法协调，对法律关系比较复杂、分歧意见较大的法规草案，以及审议中遇到的分歧意见较大、影响立法进度的重点难点问题，既加大征求意见、调查研究力度，统筹协调各方面利益关系，努力取得共识，又勇于在矛盾的焦点上“划杠杠”，把握立法决策主导权。四是牵头组织起草综合性的重要法规草案。人大主导起草有关综合性的重要法规草案，有利于提高立法质量，避免部门利益法制化。从地方上来看，由于政府部门对经济社会运行中的新情况、新矛盾、新问题的了解相对全面，由其提出并起草一般性的法规草案具有现实针对性强、专业力量充足的优势。

完善立法体制机制，必须进一步加强和改进政府立法制度建设。一是改革行政立法权的取得方式，将由宪法直接赋予国家行政机关立法权改为由权力机关授权。二是将行政立法放在国家立法的整体制度中加以通盘考虑，增强权力机关的实质审查。所有具有普遍法律效力的规范的制定，都应经过提案、审议、表决和公布四个程序。作为普遍性法律规范重要内容的行政立法也应遵循这四个程序。三是提高行政程序规范位阶，增强行政立法的外部约束①。

完善立法体制机制，还必须明确立法权力边界。立法体制的核心是立法权限的划分。为防止地方保护主义法律化，维护法治的统一性，必须明确中央和地方立法权限，禁止地方制发带有立法性质的文件。

（四）继续加强重点领域立法

第一，党的十八届四中全会以来，我国在进一步完善社会主义市场经济法律制度方面做出了巨大努力，制定和修改了一系列法律法规，但是距离完善的法律法规体系还有不小的差距。因此，接下来还要继续制定和完善关于发展规划、投资管理、土地管理、能源和矿产资源、农业、财政税收、金融等方面的法律法规。随着我国经济社会的持续发展，产权制度对社会经济的发展愈加重要，必须进一步完善激励创新的产权制度、知识产权保护制度和促进科技成果转化的体制机制。

第二，人民代表大会制度是我国的基本政治制度，必须坚持和进一步完善。要推进社会主义民主政治法治化，加强社会主义协商民主制度建设，完善和发展基层民主制度。国家机构在国家治理中作用巨大，需要完善国家机构组织法，完善选举制度和工作机制，并进一步完善监察委员会和国家监察法，进一步推进和完善惩治贪污贿赂犯罪法律制度。

第三，文化软实力是国家发展的重要保障，为进一步加强我国文化软实力，需要建立健全坚持社会主义先进文化前进方向、遵循文化发展规

---

① 黄进，蒋立山．中国特色社会主义法治体系研究．北京：中国政法大学出版社，2017：26-28.

律、有利于激发文化创造活力、保障人民基本文化权益的文化法律制度，制定公共文化服务保障法、文化产业促进法等。

第四，随着互联网经济的快速发展，互联网已经深入社会的方方面面，对人民生活和社会经济影响巨大，因此，应当加强互联网领域立法，完善网络信息服务、网络安全保护、网络社会管理等方面的法律法规，依法规范网络行为。

第五，教育、就业、收入分配、社会保障、医疗卫生、食品安全、扶贫、慈善、社会救助和妇女儿童、老年人、残疾人合法权益保护等是一个国家现代化进程中无法避免的重要问题，因此，建设社会主义法治国家，必须加强这些方面的法律法规建设。

第六，用严格的法律制度保护生态环境，加快建立有效约束开发行为和促进绿色发展、循环发展、低碳发展的生态文明法律制度，强化生产者环境保护的法律责任、大幅度提高违法成本是我国当前及今后长期的立法任务。要建立健全自然资源产权法律制度，完善国土空间开发保护方面的法律制度，制定并完善生态补偿和土壤、水、大气污染防治以及海洋生态环境保护等法律法规，促进生态文明建设。

第七，随着国际局势的变化、朝核问题的敏感化以及欧洲恐怖袭击事件的升级，国家安全应当受到高度重视，因此，要贯彻落实总体国家安全观，加快国家安全法治建设，抓紧制定完善的相关法律法规，推进公共安全法治化，构建国家安全法律制度体系。

三、继续推进依法行政及法治政府建设

加快建设职能科学、权责法定、执法严明、公开公正、廉洁高效、守法诚信的法治政府。

——《中共中央关于全面推进依法治国若干重大问题的决定》

建设法治政府，推进依法行政，严格规范公正文明执法。

——习近平

党的十八届四中全会将法治政府建设作为全面落实依法治国基本方略的重要内容加以部署，提出加强建设职能科学、权责法定、执法严明、公开公正、廉洁高效、守法诚信的法治政府，强调各级行政机关必须依法履行职责，坚持法定职责必须为、法无授权不可为，决不允许任何组织或者个人有超越法律的特权。党的十九大进一步提出，中国特色社会主义已进入新时代，要深化依法治国实践，建设法治政府，推进依法行政，严格规范公正文明执法。按照党的十八届四中全会和十九大提出的要求和规划的蓝图，依法行政和法治政府建设需要在以下这些方面重点展开。

（一）依法全面履行政府职能

依法全面履行政府职能是深入推进依法行政、加快建设法治政府的必然要求。全面履行政府职能，必须科学界定公权力的边界，行政主体必须按照合法行政、合理行政、程序正当、高效便民、权责统一、诚实守信的要求，行使权力，履行职责。

其一，进一步完善依法行政制度体系。合理划分事权是全面履行政府职能的基础和前提，它是指政府行政性行为的主体、权限、依据和程序要严格遵守法律规范，各司其职、各负其责、各尽其能，防止政府间事权界限不合理、不清晰，以及职能交叉重叠等情况的发生①。因此，要推进各级政府事权规范化、法律化，就要进一步完善不同层级政府特别是中央和地方政府事权法律制度。一要强化中央政府宏观管理、制度设定职责和必要的执法权，凡涉及国家主权、促进经济总量平衡和区域协调发展、保障要素自由流动、维护生态环境安全等领域的事务，必须完整集中到中央；二要强化省级政府统筹推进区域内基本公共服务均等化职责，省级政府要根据具体情况和实际需要用好地方立法权，统筹好区域内经济社会发展，促进基本公共服务均等化；三要强化市县政府执行职责，增强市县政府执行上级法规政策的责任意识，严格依法行政，严禁擅自变通，以便确立权责统一、权威高效的行政执法体系。

---

① 谢桂山，等. 法治国家建设理论与实践研究. 北京：中国社会科学出版社，2017：144-146.

其二，进一步完善行政组织和行政程序法律制度。长期以来，我国对于行政组织法和行政程序法律制度的关注度不足，需要予以重视，推进机构、职能、权限、程序、责任法定化。目前，我国尚没有完善的组织法和编制法体系，而且组织体制和职责权限经常变动，缺乏稳定性。因此，有必要加快制定行政组织法。这一法律应当围绕行政任务和行政效能，在行政组织的设置、对外行政管理形式、内部运作、财政、人员等方面做出全面规范①。就行政组织的设置而言，要将行政组织设置时的行政任务考量纳入行政组织法的射程，为其设计合理的制约机制。就行政管理形式而言，行政组织法应当就行政机关及行政机构对外管理的资格要件，行政授权的主体、对象、标准等问题做出统一明确的规定。就内部运作而言，要从对上级负责的命令执行模式逐步转化为对特定行政任务负责的整体性控制模式。就人员管理而言，必须打破同级同工和按部就班的晋升结构，以行政组织人员对行政任务的实际贡献为标准，弹性设计考核任务，同时扩大行政组织人员对行政处分及晋升决定的救济渠道②。

行政程序法主要由三部分构成：行政程序法、行政程序单行法律法规以及散见于具体行政管理法律法规中的行政程序规范。目前我国对于后两方面都已有规定，颁行了《行政处罚法》《行政许可法》《行政强制法》等法律法规，而统一的行政程序法尚付阙如。单选法律法规只针对某一具体领域、某一行政行为，还无法将所有的行政执法活动都纳入法治的轨道，因此，应制定统一的行政程序法。行政程序法的制定尤为重要，对建设法治政府和推进依法行政意义重大。

其三，继续简政放权，政府职能瘦身。政府权力清单制度是指政府各个部门按照法定职责，梳理和界定其权力边界，并按照行政权力基本要素，将梳理出来的权力事项进行规范，以列表清单形式公之于众，主动接受社会监督，自觉促进依法行政的制度形式③。权力清单制度能够把政府

① 应松年，薛刚凌．行政组织法与依法行政．行政法学研究，1998（1）.

② 黄进，蒋立山．中国特色社会主义法治体系研究．北京：中国政法大学出版社，2017：63.

③ 胡税根，徐靖芮．我国政府权力清单制度的建设与完善．中共天津市委党校学报，2015（1）.

机关所具有的法定权力明确列举在公众面前，政府只能在权力清单所列的范围内行使权力，这样，就能把政府权力关进制度的笼子里，使权力在阳光下行使。推行政府权力清单制度，要简政放权，优化权力运行流程，还须建立清单动态调整和长效管理机制。

（二）进一步完善行政决策机制

决策权是行政权力中最重要的权力，也是政府工作的中心环节。没有行政决策的法治化，就无法有效规范行政决策权力，无法将行政决策纳入法治轨道，也就无法建成法治国家和法治政府。因此，要进一步完善行政决策机制。

第一，完善重大行政决策程序。重大行政决策，是指具有全局性、长期性和综合性，对公共利益或公民权利义务影响较深的行政决策。重大行政决策事项在提请决策机关讨论决定前，必须进行合法性审查。未经合法性审查或经审查不合法的事项，不能进入行政审议和决策阶段。因此，对于重大行政决策，应当分别或结合采取公众参与、专家论证、风险评估、集体讨论决定以及合法性审查等程序形式。一是公众参与。要畅通公开重大行政决策的信息，健全利益代表机制，广泛听取利益相关代表的意见，同时要完善公众参与反馈制度，有参与必有回应。二是专家论证。要增强专家论证的决策意识，加强专家论证的规范化管理，完善专家论证的法治保障，确保专家论证的独立性，完善监督机制和奖惩机制。三是风险评估。要建立科学的风险评估主体制度，引入第三方主体评估，同时，也要完善风险评估的法定程序性制度和信息公开制度，以及追责机制。四是集体讨论。要建立统一高效的集体讨论决定的程序，同时也要提高行政机关民主决策的意识。五是合法性审查。重大的行政决策事项，在提交过会之前必须进行合法性审查，因此，应当强化政府法制机构的权威性和独立性，以确保合法性审查的公正性。

第二，进一步完善政府法律顾问制度。政府法律顾问制度是指政府聘请具有法律执业能力的人担任法律顾问，参与政府相关事务，以提高政府依法执政的水平。政府法律顾问应当围绕重大行政决策尤其是重大行政决策的合法性审查展开工作①。推进和完善政府法律顾问制度，需要从以下方面进行：一是完善政府法律顾问机构的人员组成，县级以上政府应设立政府法律顾问室，下设政府法律顾问团；二是确立政府法律顾问的工作原则和主要职责，政府法律顾问必须坚持专业性、独立性与团队性相结合的工作原则；三是完善政府法律顾问的管理和保障制度，政府法律顾问的遴选要公开透明，管理要科学高效，同时也要加强政府法律顾问的权益保障②。

第三，进一步完善重大决策终身责任追究制度及责任倒查机制。权责统一原则要求有权必有责、用权受监督、滥权要追责。责任追究制度是依法决策制度得以落实的重要保证。一是要进一步明确追责制度与机制的准确性。尽量避免采用“严重后果”“重大损失”等具有笼统性且弹性很大、容易成为规避责任借口的词汇，多采用确定性的语言描述行政责任法律条款。二是要进一步明确追责制度与机制的规范性。重大决策行为多种多样，决定了重大决策责任必定是一个复杂体系。重大决策涉及决策方案的提出、论证、决议、执行、反馈等一系列环节，各个环节既相互独立，又紧密联系，因此要找准责任主体，加强制度建设如建立决策行为后果程序责任目录等，以明确规范性。三是要进一步明确追责制度与机制的阳光性，完善重大决策的监督体系。四是要进一步明确追责制度与机制的补充性。要建立对决策追究责任的救济机制，并建立健全决策的激励机制。决策责任的追究要于法有据，以反馈的事实和评估的结果为依据，允许责任人和当事人申辩申诉，保证他们的合法权利。责任追究制度要和救济机制结合起来，若一味追究而没有救济机制，重大决策终身责任追究制度是不可持续的。

（三）不断深化行政执法体制改革

行政执法是行政机关的基本职能，坚持严格公正文明执法，是深入推

① 宋智敏．我国政府法律顾问制度的实践与完善．法学杂志，2015（3）．

② 黄进，蒋立山．中国特色社会主义法治体系研究．北京：中国政法大学出版社，2017：72．

进依法行政和建设法治政府的基本要求。党的十八届四中全会决定要求“推进综合执法，理顺城管执法体制，完善执法程序，建立执法全过程记录制度，严格执行重大执法决定法制审核制度，全面落实执法责任制”。根据决定精神，应当从以下几方面深化行政执法体制改革。

第一，合理配置执法力量，推进综合执法。从我国目前的行政执法情况来看，权责交叉、界限不清、多头执法等是行政执法体制中存在的关键问题，其根源是行政体制问题和立法问题。要改革行政执法体制，首先要整合执法主体，相对集中行政执法权，推进综合执法。综合执法是深入推进依法行政、加快建设法治政府的有效途径。2018 年推出的《深化党和国家机构改革方案》已经安排了若干综合执法部分，有效整合了执法权，但是依然存在需要不断完善、不断深化改革的地方，如建立综合行政执法的责任制、公示制、过错责任追究制以及监督制度，等等。

第二，减少行政执法层级，加强基层执法管理。党的十八届四中全会提出，要完善市县两级政府行政执法管理，加强统一领导和协调。绝大多数的行政执法活动发生在基层，而基层执法力量又相对比较薄弱，所以，应该整合执法职能和机构，减少行政执法层级，加快推进执法重心和执法力量向市县下移，把最优质的执法力量充实到基层中去。

第三，进一步完善行政执法和刑事司法衔接机制。健全行政执法和刑事司法衔接机制，完善案件移送标准和程序，建立行政执法机关与公安机关、检察机关、审判机关的信息共享、案情通报、案件移送制度，坚决克服有案不移、有案难移、以罚代刑现象，实现行政处罚和刑事处罚无缝对接。

（四）进一步推进行政执法规范化

立法，有犯而必施；令出，唯行而不返。

——（唐）王勃

行政执法是行政机关实施的与社会民众联系最为密切、接触最为频繁的行政活动，行政执法规范化程度直接影响民众对法治政府建设状况的评价。对于绝大多数普通民众而言，行政执法规范化是衡量法治政府最重要的标准之一。

其一，完善行政执法程序。完善行政执法程序是促进严格规范公正文明执法的重要举措。党的十八届四中全会提出，要“建立执法全过程记录制度。明确具体操作流程，重点规范行政许可、行政处罚、行政强制、行政征收、行政收费、行政检查等执法行为。严格执行重大执法决定法制审核制度”①。在执法程序中尤其要重视执法告知制度、当事人意见听取制度等，充分保障和尊重当事人的权利和利益。

其二，规范行政执法裁量权。行政机关在执法过程中拥有大量的自由裁量权，容易导致行政执法任意性增加。因此，依法行政要着力解决行政裁量权问题，细化、量化行政裁量标准，规范裁量范围、种类、幅度，以解决选择性执法、执法标准不统一等问题。同时，也要加强行政执法信息化建设和信息共享，提高执法效率和规范化水平。

其三，全面落实行政执法责任制。规范公正文明执法，需要明确执法依据和执法权限，建立岗位责任制度，细化执行标准，严格确定不同部门及机构、岗位执法人员的执法责任和责任追究机制，加强执法监督，引入社会等外部监督机制，坚决排除对执法活动的干预，防止和克服地方和部门保护主义，惩治执法腐败现象。同时，要明确责任追究机制，将监督反馈情况与相关单位和人员的奖惩挂钩，与行政机关负责人的政绩挂钩②。

（五）加强对行政权力运行的制约和监督

行政权力是国家权力中最有力的一种权力，也是对政治、经济、社会和公民权益影响最直接的一种权力，还是极易被滥用和产生腐败的权力。因此，全面推进依法治国，必须加强对行政权力的制约和监督。党的十八届四中全会决定强调，要加强党内监督、人大监督、民主监督、行政监督、司法监督、审计监督、社会监督、舆论监督制度建设，努力形成科学有效的权力运行制约和监督体系，增强监督合力和实效。

强化对政府内部权力的制约，是加强对行政权力制约的重点。要强化

---

① 中共中央关于全面推进依法治国若干重大问题的决定. 北京：人民出版社，2014：18.

② 程晓敏，李秋生. 行政执法责任制的内涵及实践意义. 中国行政管理，2004（8）.

对行政权相对集中领域的制约和监督；进一步完善审计制度，以便控制行政资金的合理使用，达到审计全覆盖；加强政府内部层级监督，通过内部层级监督的完善提高政府依法行政的自觉性和能动性。

完善人大对行政权力的监督，是加强对行政权力进行制约的主要内容。人大是我国的权力机关，具有监督行政权力和行政行为的法定职责。人大对政府行政行为的监督可以表现为：对行政权力的越位、错位和缺位问题进行监督，着力解决政府及其职能部门是否越权行使行政权力、是否认真履行职责等问题；对政府行政权力运作过程进行监督，加大对政府用权合理性、合法性、公正性和透明性等方面的监督力度①。

强化司法权对行政权的监督，是加强对行政权力进行制约的重要保障。《行政诉讼法》进一步强调了司法对行政权的监督，司法监督通过个案监督的方式，具有纠正行政机关不作为和乱作为的作用，对政府依法行政和完善执法程序具有重要意义。

（六）全面推进政务公开

政务公开是提高行政透明度、加强对行政权力监督的重要方式之一。政务公开有利于政府权力在阳光下行使，从而达到监督行政权力的目的。党的十八届四中全会明确了政务公开的具体要求，即“坚持以公开为常态、不公开为例外原则，推进决策公开、执行公开、管理公开、服务公开、结果公开。各级政府及其工作部门依据权力清单，向社会全面公开政府职能、法律依据、实施主体、职责权限、管理流程、监督方式等事项。重点推进财政预算、公共资源配置、重大建设项目批准和实施、社会公益事业建设等领域的政府信息公开”②。因此，各级政府要建设政府信息公众服务平台，全方位加强电子政府建设，从而打造透明政府，真正实现政务公开③。再者，涉及公民、法人和其他组织的权利和义务的规范性文件，

① 谢桂山，等．法治国家建设理论与实践研究．北京：中国社会科学出版社，2017：156.

② 中共中央关于全面推进依法治国若干重大问题的决定．北京：人民出版社，2014：19-20.

③ 同①157-158.

按照政府信息公开要求和程序予以公布，以维护公民、法人和其他组织的合法权益。

（七）抓住“关键少数”，强化法治意识

全面依法治国必须抓住领导干部这个“关键少数”。领导干部执掌国之重器，是立法者、执法者、司法者，是掌权者，最有可能公器私用，违法乱纪，最有条件滥用权力，侵害人民的合法权益；“以吏为师，以法为教”的传统决定了他们对社会的示范作用最为显著。

如何抓“关键少数”？一是在育人上打基础，特别是从青年抓起，既大力培养思想政治素养、道德素养，又着力打牢法学知识功底；二是在选人上下功夫，把法治纳入领导干部政绩考核体系；三是在管人上做文章，加强监督和制约①。

四、保障公正司法与提高司法公信力

努力让人民群众在每一个司法案件中感受到公平正义。

——习近平

公正是法治的生命线，司法是维护社会公平正义的最后一道防线。司法公正对社会公正具有重要引领作用，司法不公对社会公正具有致命破坏作用。法治中国建设要求全面深化司法体制改革，加快建设公正高效权威的社会主义司法制度，维护人民权益，努力让人民群众在每一个司法案件中都感受到公平正义。党的十八大以来，以习近平同志为核心的党中央采取一系列举措深化司法体制改革，破除阻碍司法公正的一系列体制机制，司法改革的“四梁八柱”已经基本确立，司法改革取得了重大进展。但是，改革是一项系统工程，不可能一蹴而就，当前仍然存在一些妨碍司法公正的体制机制，需要进一步破除；围绕司法案件的质量、司法机关的地

① 马怀德．新时代法治政府建设的意义与要求．中国高校社会科学，2018（5）．

位、司法人员的能力形象以及司法体制机制的若干问题还有进一步深化改革的空间。根据2018年中央政法工作会议以及党的十九大的决策部署，司法改革还需要从六个层面着手展开。

（一）继续深入推进司法责任制改革

党的十九大报告对进一步深化司法体制改革提出明确要求，指出要“深化司法体制综合配套改革，全面落实司法责任制”。全面落实司法责任制在司法体制改革主体框架中具有基础性地位、标志性意义、全局性影响，对于建设公正高效权威的社会主义司法制度、推进国家治理体系和治理能力现代化具有十分重要的意义。

完善司法责任制是建立权责明晰、权责统一的司法权运行机制的核心，对于保障人民法院人民检察院依法独立公正行使职权意义重大，在司法体制改革全局中具有举足轻重的地位，需要优先推进；完善司法责任制要求素质、权力、责任、保障相统一，与完善司法人员分类管理、健全司法人员职业保障、推动省以下地方法院检察院人财物统一管理等改革举措依存度高、耦合性强，是相互关联的有机整体，需要同步推进；完善司法责任制等改革政治性、政策性、敏感性强，改的是体制机制，打破了利益格局，社会各界高度关注，需要有序推进①。具体而言，完善司法责任制需要从以下几个层面着手：

第一，进一步着力提高司法人员素质。要继续完善法官检察官政治轮训制度，探索建立政治督察制度，打牢高举旗帜、忠诚使命的思想基础，切实增强政治意识、大局意识、核心意识、看齐意识。加强社会主义核心价值观教育，健全法官检察官职业行为规范，完善职业道德评价机制。

第二，加快完善员额管理制度，推动法官检察官员额管理的规范化、科学化。合理控制法官检察官员额比例，建立员额统筹管理、动态调整机制。完善法官检察官逐级遴选和从律师、法学专家中遴选制度，形成常态化的法官检察官遴选机制。严格遴选法官检察官的标准和程序，在坚持政

① 姜伟．全面落实司法责任制．光明日报，2017-11-09.

治标准的基础上，突出对办案能力、司法业绩、职业操守等专业素养的考察。确立法官检察官的办案主体地位，完善入额领导干部办案机制。法院实行独任法官或者合议庭办案责任制，检察院实行检察官办案责任制。继续完善法官检察官利益回避制度，加强纪律规矩经常性教育，引导法官检察官养成纪律自觉。建立健全与司法办案新机制相适应的权力监督制约体系，增强多元监督合力，规范司法权依法公正运行，以零容忍态度惩治司法腐败。

第三，建立权力清单和履职指引制度。明确应当由院长、检察长以及审判委员会、检察委员会决定的重大事项，以及可以由法官检察官决定的事项，并分别规定相应责任。按照扁平化、专业化要求，根据精简、务实、效能原则，整合法院检察院内设机构。健全符合司法职业特点的业绩考核评价机制，完善考评标准，压实司法责任。依托现代信息技术，健全司法权、司法管理权、司法监督权的实时监管、全程留痕、有效监督、相互制约机制。加强对类案适用法律的监督与指导，完善法官检察官自由裁量权的约束机制。实行法官检察官惩戒制度，健全以错案评鉴为核心的司法责任认定和追究机制，由惩戒委员会审查认定法官检察官是否构成错案责任，为法院检察院的惩戒决定提供专业依据。

第四，加快完善司法职业保障制度。要为法官检察官开辟新的职业发展通道，法官检察官等级与行政职级脱钩，实行法官检察官单独职务序列管理，保证一线办案人员择优选升高级法官检察官。实行与法官检察官单独职务序列配套的工资制度，确保法官检察官的工资水平高于当地其他公务员，并建立收入合理增长机制。创造良好司法环境，保障法官检察官依法履职。任何单位或者个人不得要求法官检察官从事超出法定职责范围的事务。法官检察官应当拒绝任何单位或者个人违反法定职责或者法定程序、有碍司法公正的要求。对干扰阻碍司法活动，威胁、报复陷害、侮辱诽谤、暴力伤害法官检察官及其近亲属的行为，依法从严惩处。积极推进省以下地方法院检察院人财物统一管理。

（二）加快推进以审判为中心的刑事诉讼制度改革

随着 2016 年《关于推进以审判为中心的刑事诉讼制度改革的意见》的

颁布实施，以及《关于全面推进以审判为中心的刑事诉讼制度改革的实施意见》和“三项规程”（《人民法院办理刑事案件庭前会议规程（试行）》《人民法院办理刑事案件排除非法证据规程（试行）》《人民法院办理刑事案件第一审普通程序法庭调查规程（试行）》）的施行，推进以审判为中心的刑事诉讼制度改革逐步深入人心，现有改革举措和制度探索也已初见成效。但毋庸讳言，这项改革是一项复杂的系统工程，目前仍有一些体制机制难题亟待破解，仍有一些关键制度亟待确立，因此，应当继续推进，不断深化。

第一，积极推进庭审实质化。坚持以审判为中心，保证庭审发挥实质作用。克服以卷宗为中心的观念，把审判活动的重心从对卷宗材料的审查转移到对案件的开庭审理上来。通过庭审中控辩双方充分举证、质证、辩论来审查证据，认定事实，形成对案件事实真相的准确判断，真正做到事实证据调查在法庭、定罪量刑辩论在法庭、裁判结果形成于法庭，为公正裁判奠定可靠基础。强化对辩护权的保障，庭审中不得随意打断辩护人发言，依法保障被告人及其辩护人的辩论辩护权；对律师的辩护意见，不管采纳与否，都应在判决书中逐条予以分析说明。将刑事诉讼法中法律援助的适用范围扩大，使更多被告人有获得充分辩护的机会。加强审判权对侦查权、起诉权的制约。建立裁判结果反馈机制，将审判结果逐案向侦查案件的公安机关及其上级进行反馈，告知侦查机关哪些证据被采信了，哪些证据被排除了，证据的收集、审查还存在哪些问题，改进侦查人员对法院审判结果不关心的不正常状况，引导侦查机关围绕审判的要求开展侦查。积极推进审判权运行机制改革，切实做到“谁审理谁裁判”。审判权的运行必须以行使审判权的主审法官、合议庭为主体，突出其主体地位和独立性，实行“谁办案谁负责”“让审理者裁判，由裁判者负责”。

第二，全面贯彻证据裁判规则。全面贯彻证据裁判规则，必须遵循直接言词原则。我国目前刑事审判中证人出庭率较低，检控方主要以庭外陈述作为指控犯罪嫌疑人的证据，辩护方无法对这些庭外陈述人进行质证，导致辩护权难以得到完全发挥。而全面贯彻证据裁判规则、遵循直接言词原则，能够有效提升证人出庭率，更好地维护当事人的诉讼权利。全面贯彻证据裁判规则，必须用证据制度来约束法官权力。法官作为证据裁判者和事实认定者，其自由裁量权的运用总是与滥用缠在一起的，因此必须用精致的证据规则对事实认定的各个环节和法官的司法行为加以规范①。

（三）继续完善司法权力运行机制

进一步完善各级党政机关和领导干部支持法院、检察院依法独立公正行使职权的制度机制，任何司法机关都不得执行党政机关和领导干部违法干预司法活动的要求，为司法机关依法独立公正行使职权提供有力保障②。

司法改革是一个宏大的工程，涉及司法体制、司法程序、法官和检察官制度等各个层面，其中最为关键的就是合理配置司法权力，构建科学合理的司法权力运行机制③。具体来讲，就是要继续完善司法权力分工负责、互相配合、互相制约的体制机制；继续推动实行审判权和执行权相分离的体制改革；进一步完善刑罚执行制度，统一刑罚执行体制；进一步实行法院、检察院司法行政事务管理权和审判权、检察权相分离；跨区划的人民法院和人民检察院在现有的基础上可以考虑在全国推行；审级制度还需进一步完善，进一步明确各审级功能定位，一审解决事实认定和法律适用，二审解决事实法律争议，实现二审终审，再审解决依法纠错，维护法律权威。

（四）着力加强司法人权保障

建立有效的人权司法保障是司法改革的重要内容，也是改革深入进行的法律保障。针对目前司法救济不够、司法腐败和司法公信力不高等现实问题，党中央一再强调司法的人权保障意义，以回应民众的权利诉求和法治期待，力图为自由和秩序的平衡奠定良好基础④。

因此，要进一步加强诉讼过程中当事人及其他诉讼参与人的权利保

---

① 陈卫东．论刑事证据法的基本原则．中外法学，2004（4）．

② 孙磊．法治中国进行时．太原：山西人民出版社，2016：252-252．

③ 李林．中国：在新起点上全面推进依法治国．北京：中国社会科学出版社，2015：234-236．

④ 韩大元．完善人权司法保障制度．法商研究，2014（3）．

障，当事人的知情权、陈述权、辩论辩护权等诉讼权利在每个诉讼阶段都要予以完全贯彻；着力健全落实罪刑法定、疑罪从无、非法证据排除等法律原则的法律制度，把这些制度全面贯彻落实到刑事诉讼的各个阶段；加快制定强制执行法，切实解决执行过程中出现的问题；切实保障当事人的申诉权利，实行诉访分离。

（五）加强人民群众深度参与司法

人民群众参与司法，是中国特色社会主义司法制度的重要组成部分。司法民主是中国社会主义司法制度的本质所在，也是建设中国特色社会主义民主政治的组成部分。保障人民群众参与司法，不仅是汇聚民智、尊重民意的重要方式，更是遏制司法专横的主要手段①。

保障人民参与司法，必须健全人民群众参与司法的体制机制。首先要进一步完善陪审员制度，保障公民陪审的权利，包括增加人民陪审员的数量，进一步扩大人民陪审员的范围，完善随机抽选陪审员的方式，调整人民陪审员审判职权。其次要构建开放、动态、透明、便民的阳光司法机制，深化司法公开，推进审判、检务、警务、狱务等公开，让司法在阳光下运行，以公开促公正。

（六）进一步加强对司法活动的监督

现代法治国家中权力配置与运作的一个重要特征即“公共权力必须受到制约和制衡”，“公共权力失去监督必然走向腐败”②。一旦守护社会公正底线的司法出现腐败，将会对社会造成沉痛的打击。因此，建立与完善对司法活动的监督机制是实现司法公正、提高司法公信力的重要保障，在法治国家建设中尤其重要。

对司法活动的监督主要包括法律监督和社会监督。国家监察体制的设立和完善，使得监督大军中又增加了一个重要力量。根据党的十八届四中全会精神，应该从优化司法职权设置，健全司法权力分工负责、互相配

---

① 孙磊. 法治中国进行时. 太原：山西人民出版社，2016：260.

② 樊崇义. 刑事诉讼目的的转型与刑事诉讼法律监督. 检察日报，2013-09-03.

合、相互制约的体制机制方面加强和规范对司法活动的监督。在2018年1月召开的中央政法工作会议上，习近平总书记强调，要通过完善的监督管理机制、有效的权力制衡机制、严肃的责任追究机制，加强对执法司法权的监督制约。这为推动对执法司法活动的监督指明了方向。

五、增强全民法治观念与推进法治社会建设

改革开放以来，党中央、国务院高度重视法治社会建设特别是全社会法治意识的培育。党的十八大以来，以习近平同志为核心的党中央多次提出“坚持法治国家、法治政府、法治社会一体建设”，对推进法治社会建设、培育全民法治意识提出要求、做出部署，法治社会建设取得显著成就。随着中国特色社会主义进入新时代，法治社会建设也进入新的发展阶段。我们要针对法治社会建设中存在的问题，从新时代新主要矛盾出发，在加大法治宣传力度、完善守法诚信机制、让领导干部成为表率等方面入手，增强全民法治观念，推进法治社会建设。

（一）进一步提高全社会法治意识

十九大报告强调，要加大全民普法力度，建设社会主义法治文化，树立宪法法律至上、法律面前人人平等的法治理念。当前社会上存在的许多突出问题，如一些领导干部以言代法、以权压法、徇私枉法，部分群众“信权不信法”“信钱不信法”“信访不信法”，遇事找熟人、走关系，一些地方出现“工闹”“医闹”“拆迁闹剧”等行为，其中一个重要原因就是全社会法治意识不强，法治观念尚未全方位树立。

由于历史的原因，长期以来，中国是一个法治意识比较薄弱的国家。改革开放以来，中国的法治建设取得了重大进展，法治意识也在不断提高，但要让法治意识真正融入公民血液，树立全民信仰法律的意识，使民众能“办事依法，遇事找法，解决问题用法，化解矛盾靠法”，还需要持之以恒、久久为功。因此，要把全民普法和守法教育作为依法治国的长期

性、基础性工作来抓，坚持不懈地开展法治宣传教育，深入学习宣传以宪法为核心的各项法律法规，深入学习宣传中国特色社会主义法律体系，使全体公民广泛了解和掌握相关法律知识。在法治宣传教育中，要注意创新普法宣传形式，善于抓住重点、分类施教，针对不同对象，采取不同方法，提高法治宣传教育的针对性和实效性。特别是要加强新媒体新技术在普法中的运用，为公众提供更多、更便捷的学法渠道，提高普法实效。

增强全民法治观念，推进法治社会建设，要积极推进社会诚信法制化建设。诚实守信既是公民的基本道德要求，也是法治的一项基本原则。在法治社会建设中，完善守法诚信褒奖机制和违法失信行为惩戒机制应是重点，这是培育全社会法治意识的制度动力和有力保障，有利于形成守法光荣、违法可耻的社会氛围，使尊法守法成为全体人民的共同追求和自觉行动。一方面，要完善守法诚信褒奖机制，健全公民和组织守法信用记录，真正让“人无信不立”，特别是要形成有利于弘扬诚信的良好政策导向和利益机制，无论是在确定经济社会发展目标和发展规划时，还是在出台经济社会重大政策和重大改革措施时，都要把守法经营、诚实信用作为重要内容，引导人们把守法诚信作为立身之本。另一方面，还要完善违法失信行为惩戒机制，实行失信发布制度，完善严重失信黑名单制度和市场退出机制，建立多部门、跨地区失信联合惩戒机制，对失信者形成社会联防和互联互动的协同监管网络，综合运用市场性、行政监管性、行业自律性、司法性等惩戒手段进行惩罚，使其步步难行，从而真正形成扬善抑恶的制度机制和社会环境。

增强全民法治观念、推进法治社会建设，领导干部带头是关键。党员干部特别是领导干部是全面推进依法治国的重要组织者、推动者、实践者，他们是否具有法治意识和法治思维能力是全面推进依法治国、建设社会主义法治国家的关键所在。领导不仅要带头学法，还要带头守法，更要带头用法；不仅要强化法治秩序思维，实现从人治方式向法治方式的转变，还要强化法治规则思维，认识到法治思维的本质是规则治理，从而实现从经验决策向依法决策的转变。此外，还要强化法治权威思维和法治责任思维，真正在全面推进依法治国方面承担起重要责任。

增强全社会法治意识，还要注意加强对青少年法治意识的培养。青少年是国家的未来和民族的希望，少年法治意识提高，则国民整体法治意识也会增强，因此，要格外重视对青少年的法治宣传教育。把法治教育纳入国民教育体系和精神文明创建内容中去，由易到难、循序渐进地不断增强青少年的规则意识和法治意识。

（二）推动社会治理多样化

法治建设是全方位的，既离不开国家层面的制度框架设计，也离不开社会层面的具体规划实施。法治社会建设是多层次、多领域、多方主体共同开展的新型治理模式，应该坚持系统治理、依法治理、综合治理、源头治理，提高社会治理法治化水平①。

共同推进多层次多领域法治社会建设，最重要的是要把法治原则、法治精神和法律规定体现在、落实到各类社会主体的活动之中，最大限度地实现依法治理的社会参与。要立足实际、突出特色开展法治创建。根据不同类型社会主体的性质、功能和特点，制定符合实际、特色鲜明的法治创建目标和实施方案，分类指导、务求实效。通过开展法治创建活动，使参与社会治理的所有主体都能明白自身的法定权力及责任、权利和义务，成为自觉遵守法律、善于运用法律的有作为的治理力量。对于行政区域，要着眼于法律全面实施，推进区域社会治理的制度化、法治化，规范公共权力行使，保障公民权利；对于市场主体，要着眼于建立现代企业制度，完善法人治理结构，促进依法经营、重信守诺；对于村（居）基层组织，要着眼于推进基层民主法治建设，完善村（居）民自治制度和机制，促进民主管理、依法自治；对于社会组织，要着眼于规范行为、激发活力，完善内部治理机制、强化自律功能。同时，要探索建立科学完备的法治创建指标体系。根据社会主体的类型和特点，科学确定衡量社会主体法治创建效果的代表性要素，分类研究制定法治创建指标体系和法治创建效果评估体系，对社会主体法治化程度进行量化评估，指导和推动法治创建活动深入

---

①　汪永清．推进多层次多领域依法治理//中共中央关于全面推进依法治国若干重大问题的决定（辅导读本）．北京：人民出版社，2014：226.

发展。

（三）促进法律服务体系完善化

完备的法律服务体系，是法治社会建设的必备要素。随着群众法律意识的不断提高，社会公众对于法律服务的需求日益增长，对法律服务的要求也会越来越高，因此，深化法律服务体制改革，促进法律服务体系完善将成为社会法治建设的一个重点内容。

根据当前法律服务体系建设中存在的主要问题，如前文所述的法律服务人才分布不均衡、结构不协调、总量不足等问题，我们应当有针对性地、有侧重分步骤地加强法律服务体系建设。首要的任务应该是大力推进覆盖城乡居民的公共法律服务体系建设，特别是加强西部落后地区和广大农村地区的法律服务体系建设。由于法律服务主体大多分布在北上广深等一线城市和其他大中城市，西部落后地区、广大农村居民法律意识薄弱，法律人才明显不足，使得急需法律服务的群体由于各种原因尤其是经济上的压力而难以获得法律服务。因此，加强西部落后地区和广大农村地区法律服务建设是法治社会建设中一项十分紧迫的任务。

完善法律援助制度、健全司法救助体系，是完善法律服务体系的重点。要进一步放宽法律援助经济困难标准，扩大援助范围，保证人民群众在遇到法律问题或者权利受到侵害时能获得及时有效的法律帮助；加强民生领域法律服务；鼓励离退休的法官、检察官、警察、律师、公证员和高校法律专业师生建立志愿者队伍，参与公益性法律服务；探索建立乡村（社区）法律顾问制度，深化政府法律顾问工作，引导律师积极参与信访、调解、群体性案（事）件处置和社区工作等公益法律服务；进一步做好常见性、多发性纠纷调解工作，积极参与企业改制、征地拆迁、劳动争议、医疗卫生、环境保护、安全生产、食品药品安全、知识产权、交通事故、电子商务等领域矛盾纠纷的调解工作；进一步拓展司法鉴定业务范围和服务领域，及时将与保障和服务民生密切相关的鉴定事项纳入统一登记管理的范围，积极为交通事故、保险理赔、医疗损害、职工工伤、房屋拆迁等争议解决提供公益性司法鉴定服务等等。

同时，还要强化公共法律服务保障。要彻底落实并保障法律援助工作者的物质基础，完善政府财政支持保障机制，将公共法律服务经费列入财政预算，将公共法律服务事项纳入政府购买项目，建立严格的监督制度来监管经费的合理运用，保证这些经费真正落实到法律服务的每件事项中去，促进公共法律服务常态化、可持续。此外，应当加快建立健全公共法律服务标准体系、质量评价机制、监督机制、失信惩戒机制，推行岗位责任制、服务承诺制、首问负责制、限时办结制、服务公开制等制度，确保服务质量。

（四）推动纠纷解决机制多样化

随着中国经济社会的发展和民主法治的进步，人民群众的权利意识日益增强，纠纷也呈现多样化的发展趋势。当权利受到侵害时，越来越多的人开始选择法律手段维护自身权利，但是在维权过程中公众也存在一定程度的理性不足、盲目偏激的行为。因此，建设法治社会要引导人民群众理性表达诉求，依法维护权益，健全依法维权和纠纷化解机制。

多元化纠纷解决机制是一项重大的法治建设工程，涉及司法、行政、社会等方方面面，实际上是一张巨大的纠纷解决之网，牵一发而动全身。织密、织牢、织细这张巨网，绝非单方面力量所能济其功，也不是法院一家所能承担得了的，而必须在党委的主导和领导下，在政府各部门的鼎力协助下，在法院等司法部门的积极推动和参与下，在社会各方力量的支持与配合下，才能完成这项艰难而有深远意义的法治建设大业。

在探索多元化纠纷解决机制中，我们要重视和发挥三方面的功能和作用。

第一，充分发挥行政机关在社会纠纷解决中的作用和功能。行政机关在行政职能范围内化解纠纷、破除矛盾，维持正常的行政秩序，本是我国行政机关行使行政权的应有之义，然而，随着司法权在纠纷化解中作用的日益凸显，行政权在纠纷解决中的作用日趋疲弱，逐步隐而不彰，立法上赋予行政机关解决相关纠纷的权限也逐渐被虚置化、模糊化和边缘化。比如，原来在立法文本上常见的“行政裁决”，其范围和所针对的纠纷类型越来越少；对相关民事纷争的“行政处理权”日益弱化；“行政调解”的效力也不再具有特殊性；具有行政行为属性的劳动人事争议仲裁和农村土地承包仲裁等，也仅仅具有启动诉讼程序的前置性意义，而不具有终局解决纠纷的功能；在行政调解与司法审判之间的选择性条款中，行政调解往往不具有实质性价值，纠纷主体弃行政调解而径直选择诉讼的占据绝对优势；即便经过行政调解，当事人无视其存在而又对簿公堂的大有所在；行政机关在调解中所产生的成果，如证据收集、无争议事实认定、被局部接受的调处方案等，在后续的诉讼中根本不会产生任何效用；行政机关也很少被邀请参加法院所进行的调解，更不可能被委托或委派进行相关调解活动。法院在纠纷解决过程中也往往自做壁垒，不征询行政机关对于纠纷解决的相关意见和观点，等等。行政机关在纠纷解决中发挥作用，本是我国纠纷解决机制中的一大优势，我们应当保持并充分发挥这一优势，更加重视行政机关的功能和作用，而不是使其弱化。

第二，充分发挥人民调解这一传统的纠纷解决机制的作用。人民调解是根植我国传统文化土壤且富于时代创新特征的解纷模式，曾是我国解决纠纷所经常采用的行之有效的方法，被誉为“东方经验”，对现代世界流行的“ADR 规则”（《国际商会友好争议解决规则》）的形成和发展做出了重要贡献。但是随着时代的发展和社会的多元化，人民调解日渐被忽视，这一良好的具有先天优势的解纷模式并没有发挥出应有的功能和价值，人民调解的案件范围不断缩小，其规范性、制度性和程序性保障不健全，从事人民调解工作的人员、经费、场所都缺乏保障，人民调解的效力也长期处在疲软状态。人民调解处在若存若亡、似有似无的态势之中。近年来，颁布实施的人民调解法和修改后的民事诉讼法确立了人民调解协议的司法确认制度，被司法确认后的人民调解协议具有强制执行效力。这一制度在人民调解制度发展史上具有里程碑意义。我们可以期待，人民调解在多元化纠纷解决体系中必将焕发出新的活力。

第三，充分发挥商会、行业协会、调解协会、民办非企业单位、商事仲裁机构、公证机构等的作用。一是要充分发挥社会团体和组织在多元化纠纷解决体系中的作用。社会团体和组织需要制度化培育，使之逐渐、稳健发展和壮大。确认其在多元化纠纷解决体系中的作用，是社会团体和组织受到重视和认可的重要契机和切入点。比如，消费者权益保护协会、环境保护协会等社会组织在公益性纠纷的化解和解决中的作用业已得到立法上的确认，将来这一类的社会组织和团体应当有更大幅度的增长。须知，社会组织和团体在多元化纠纷解决系统中是不可轻忽的重要生力军。与此同时，要发挥志愿者组织、社区组织等在多元化纠纷解决体系中的作用。二是要高度关注和重视公证机构在预防和解决纠纷中的重要作用。公证机构是通过对法律行为、事实和文书进行国家证明而预防纠纷发生的专门机构，但公证机构除了预防纠纷的功能外，它在纠纷解决体系中还发挥着日益重要的作用。比如，公证机构发挥着对于司法机关解决纠纷的支持和配合作用，其公证的文书可作为具有较强证明力的证据采用，其所赋予强制执行力的债权文书可以直接成为人民法院强制执行的根据。除此之外，尚需重视和强调公证机构在化解纠纷中的机能和作用，对于公证机构职能范围内的法律关系所发生的争端，公证机构理应参与其中进行调处，公证调解的作用在多元化解纷系统中显得不可或缺①。

六、打造一支高素质的法治工作队伍

全面推进依法治国，建设一支德才兼备的高素质法治队伍至关重要。

建设法治国家、法治政府、法治社会，实现科学立法、严格执法、公正司法、全民守法，都离不开一支高素质的法治工作队伍。法治人才培养上不去，法治领域不能人才辈出，全面依法治国就不可能做好。

——习近平

“为政之要，惟在得人。”治国经邦，人才为先。一个国家和社会的法

① 汤维建. 多元化纠纷解决机制改革的时代意义及其要点. 人民法院报，2016-06-30.

治，最终还是要通过人来实现，因此，提高社会成员的法治意识和法治素养，特别是提高法治专门队伍的素质和能力，显得尤为重要。党的十八届四中全会对法治人才建设做了专门要求："全面推进依法治国，必须大力提高法治工作队伍思想政治素质、业务工作能力、职业道德水准，着力建设一支忠于党、忠于国家、忠于人民、忠于法律的社会主义法治工作队伍，为加快建设社会主义法治国家提供强有力的组织和人才保障。"①

从立法层面来看，立法重在立规矩、定方圆，立法人员必须具有很高的思想政治素质和相关业务素质，具备遵循规律、发扬民主、加强协调、凝聚共识的能力。从执法层面来看，执法人员必须忠于法律、捍卫法律，具备严格执法、勇于担当的素质和能力。从司法层面来看，司法人员必须信仰法律、坚持法治，具备端稳天平、握牢法槌，铁面无私、秉公司法的职业素养。

（一）把思想政治建设摆在首位

思想政治素质是法治队伍建设第一位的要求，忠于党、忠于国家、忠于人民、忠于法律是法治队伍思想政治素质的具体表现。立法、执法、司法机关的法治专门队伍，是中国特色社会主义法律体系实施的重要主体，负有严格贯彻实施宪法和法律的重要职责，他们只有思想政治素质过硬，才能在依法治国的实践中勇于担当、敢于作为，在面临重大考验时，才能不辜负党和国家及人民的殷切期望。因此，必须把思想政治建设摆在法治队伍建设的首位，坚持不懈地用中国特色社会主义理论体系武装头脑，牢固树立社会主义法治观念，大力弘扬社会主义核心价值观，坚持理想信念，切实加强法治工作队伍的思想政治建设。

（二）稳步推进法律职业共同体建设

没有法律职业共同体，就没有成熟的法治。反之，法治的不成熟，也难有发达的法律职业共同体。法治与法律职业共同体应是共生共伴、同长

---

① 中共中央关于全面推进依法治国若干重大问题的决定. 北京：人民出版社，2014：30.

同成的关系。在法律职业共同体建设上，应该从以下几个方面努力：一是严格实施并完善法律职业准入制度，从源头上把好法律职业共同体的队伍建设关，确保法律职业共同体成员的专业素质与道德品格。二是完善立法执法司法三支队伍之间的人才交流渠道，推动立法执法司法机关从基层选拔优秀人才，从优秀律师、法学专家中选拔立法工作者、法官、检察官，加强不同法律职业形式之间的人才流动、互动与认同，推动形成法律职业共同体的纽带，优化法律职业共同体人力资源配置。三是完善一体化的法律、法学教育培训与评价体系。在全国统一考试之外，构建统一的学科与职业并重、学术与应用并重、理论与案例并重、知识与能力并重的法律、法学培育职业培训体系，实现法学教育与法律实践的良好衔接，构建一体化职业培训模式并逐步完善继续教育制度，打造共同的专业水准、立场精神、职业责任、职业伦理道德。四是加强中国特色社会主义法治理念培育和法治信仰养成，建构法律职业共同体的精神基石。五是强化法律职业共同体制度保障，注意平衡不同职业形式从业者待遇保障水平，为共同体内部流通机制建立提供制度条件。

（三）着力提高法律服务队伍的素质

一要优化队伍结构。当前，法律服务队伍结构不合理，主要表现在两个方面：一方面，就整个法律服务队伍而言，律师、公证员、基层法律服务工作者、人民调解员等之间对比失衡，形成不了整体合力。另一方面，即使是某一行业内部也存在搭配不合理、步调不一致的现象，如在律师行业，社会律师、公职律师、公司律师之间竞争的多、合作的少，形成不了互为补充的工作格局。因此，有必要进一步优化法律服务队伍结构，促使律师、公证员、基层法律服务工作者、人民调解员等之间实现拾遗补阙、互促共进；着力打造社会律师、公职律师、公司律师等优势互补、结构合理的律师队伍。

二要强化执业保障。应加大业务培训力度，建立法律服务工作者统一职前培训制度，改进培训方法，讲求培训效果；着力完善法律职业准入机制，改进国家法律职业资格考试制度，从源头上把好素质关；切实保障法律服务工作者获得应有的报酬，确保其劳有所得、劳得相符。

三要严格监督管理。加强律师事务所管理，健全律师事务所制度，实行统一收案、统一收费，搞好标准化建设，实施规范化、民主化管理。发挥律师协会自律作用，制定切实可行的协会章程，建立起以诚信执业为核心的长效管理机制，加大对律师执业规范和行业管理制度实施情况的监督力度，对其会员的职业道德和执业自律进行教育、检查和监督。强化退出管理，严格执行违法违规执业惩戒制度，严肃处理投诉案件。

四要推动应用工作。无论是各级党政机关、人民团体还是企业，在做出重大判断、决策时，其合法性问题应是最为关键的考量因素，而作为有着深厚法律知识背景的律师在其中就扮演着十分重要的角色。各级党政机关、人民团体通过设立公职律师，企业通过设立公司律师，让律师融入政府和公司的管理行为之中，对政府和公司在决策前、决策中、决策后提出法律意见和建议，从而促进依法办事，防范法律风险。在实际工作或业务活动中，不能把聘用律师当作装点门面，把律师当摆设，不能对他们顾而不问，对他们的意见听而不闻，而应充分发挥律师作用，尊重律师的意见建议，并切实加以应用，确保各项决策和重大活动的合法有效①。

（四）创新法治人才培养模式

经过改革开放40年的探索实践，我国的法学教育事业取得了长足的进步。但是，与加快建设社会主义法治国家的新形势新要求相比，法治人才培养质量机制还存在一些亟待解决的问题。比如，不同地区之间法学教育资源，特别是师资配置仍不平衡，法学院校与法治实务部门协同育人机制不够完善，法学教育与司法考试、法律职业的衔接不够紧密，加强和改进中国特色社会主义法治人才培养工作需要进一步加大力度，创新法治人才培养机制刻不容缓，等等。为此，我们需要采取有力举措，与时俱进，创新法治人才培养模式，努力锻造出高素质的法治人才。

第一，要坚持立德树人、德法兼修的法治人才培养导向。法治人才培

① 王东．加强法律服务队伍建设．学习时报，2015-01-19．

养，不仅要培养其法学知识水平，更要培养其思想道德素养。我们应该坚持把思想政治建设摆在创新法治人才培养的首位，牢牢掌握意识形态工作的领导权话语权，坚持用马克思主义法学思想和中国特色社会主义法治理论全方位占领高校、科研机构的法学教育和法学研究阵地，加强对社会思潮的辨析引导，分清重大是非，绝不给错误思潮传播提供任何渠道和空间。同时，还要注重培养法治人才的基本公民素质和道德素养。要引导其树立社会主义核心价值观，树立“忠于党、忠于国家、忠于人民、忠于法律”的价值观和社会责任感，培养出德智体美全面发展的社会主义合格建设者和可靠接班人。

第二，要重点加强理论体系、学科体系、课程体系建设。首先，要把中国特色社会主义法学理论体系、学科体系、课程体系建设同教材编写、基础研究紧密结合，深入实施马克思主义理论研究和建设工程，集中全国高水平专家学者，加强法学基础理论研究，立足当代中国法治实践，研究各项法律制度的中国传统文化元素，吸收借鉴各国优秀法律文化，不断完善中国特色社会主义法学理论体系、学科体系和课程体系。其次，要继续编写国家统一的法律类专业核心教材，力求全面准确反映中国特色社会主义法治理论最新成果，全面准确反映中国特色社会主义法治建设丰富实践，全面准确反映本学科领域最新进展。要采取强有力措施，进一步推动高校全面采用国家统一的法律类专业核心教材，将其列为高校法律类专业考核的重要内容和学生必修的基本教材，确保中国特色社会主义法治理论占领高校法学教育教学阵地。再次，要加强政策措施的配套。如在国家司法考试中将国家统编教材所概括的中国特色社会主义法治理论作为应知应会的必考内容；进一步强化法治人才培养的政治方向，确保高校用好、教师教好、学生学好国家统一的法律类专业核心教材，激发法治人才培养机制创新的活力。

第三，要打造多层次全方位法治人才培养体系。完善科研院校与法治实务部门协同育人机制，搭建各类平台，强化高等院校的法学教育主体责任。以推进中央政法委员会、教育部批准的“全国卓越法律人才教育培养基地”为载体，建设好国家级应用型、复合型法律职业人才教育培养、涉外法律人才教育培养、西部基层法律人才教育培养等多个平台。要整合各方力量，如明确高校以外的法治教育研究机构以及法治实务部门的培养责任，树立“大人才”观，做好与党校（行政学院）、社科管理部门、法学会、律师协会和中小学法治教育的衔接，引入党委部门、政府部门、法院、检察院、律师事务所、企业等实务部门力量参与法治人才培养，加快构建多层次、多渠道的师资共建机制和保障机制。要协同推进育人机制，如强化法治实务部门作为实习单位的重要培养责任，建立法学专业学生担任实习法官、检察官助理和书记员制度，支持高校法学骨干教师到政法机关挂职、研修，深度融入执法司法实践。要科学设计军事法治人才培养路径，有针对性地培养复转军人法治服务人才，通过合作互动推动军民融合水平进一步提高。

第四，要提升实践化、国际化、信息化水平。积极探索涉外法治人才培养多样化机制，探索与国外高校联合培养模式，培养、储备一大批熟悉“一带一路”相关国家法律和社会状况的法治人才。设立京津冀地区和长江经济带地区法治人才高层论坛，深化区域间人才沟通交流合作。深化高校与自贸试验区等所驻涉外企业就人才培养目标、课程体系设计、教学团队等进行合作的内容。加强国际化课程建设，将法律学习和英语学习良好结合起来，提高国际型法治人才的英语培养效率，提升我国在国际事务中的话语权。还要提高运用信息化网络化水平，充分利用现代信息和社交媒体技术，探索并推广利用信息技术的多样化教学模式和教学方法，如推动小班教学，鼓励教师采用参与式、讨论式、交互式教学方法；推广案例教学法，强调参与体验，培养自主学习能力和创造能力。追踪了解、分析研判法学专业毕业生就业率、就业分布、岗位适应情况等信息，建立大数据库，动态反映法治人才培养情况，形成国家、社会、个人需求三位一体的质量评价和监测体系。

结　语

1978年12月，党的十一届三中全会召开，标志着我国的法治建设进入了新的历史阶段。历史长河浩浩荡荡，至今转眼已经40年，中国法治建设也进入了新天地。

党的十八大以来，以习近平同志为核心的党中央凝聚了坚持走中国特色社会主义法治道路这个共识，明确了建设中国特色社会主义法治体系、建设社会主义法治国家这个目标，在科学严密的顶层设计下，全面依法治国不断走向深入，初步构建了完备的法律规范体系、高效的法治实施体系、严密的法治监督体系、有力的法治保障体系、完善的党内法规体系，在坚持依法治国、依法执政、依法行政共同推进，坚持法治国家、法治政府、法治社会一体建设，实现科学立法、严格执法、公正司法、全民守法，以及促进国家治理体系和治理能力现代化方面取得了重大进展和辉煌成就。

在历史长河中，40年只是短暂一瞬，而中国的法治实践却实现了惊人一跃。在40年发展进程中，中国的法治建设在探索中前进，一路风雨兼程，走出了一条有中国特色的快速发展之路。40年的风雨兼程，40年的艰辛探索，中国共产党带领人民探索依法治国的初心始终未变。

2017年10月，党的第十九次全国代表大会召开，全面总结了改革开放以来特别是十八大以来依法治国的主要经验，对“深化依法治国实践”做出了进一步部署，并成立了“中央全面依法治国领导小组”。我们相信，在以习近平同志为核心的党中央的坚强领导下，全国人民勠力同心，法治中国必将奏响更加雄浑的乐章，护航更加美好的未来！“国无常强，无常弱。奉法者强则国强，奉法者弱则国弱。”全面推进依法治国，建设社会主义法治国家必将为中华民族伟大复兴的中国梦提供强有力的制度保证，注入源源不竭的源头活水。

后　记

改革开放是当代中国发展进步的必由之路，是实现中国梦的必由之路。2018 年是中国改革开放 40 周年。生动展现改革开放 40 年的光辉历程，深刻总结宝贵经验，是思想宣传工作的热点，也是理论研究的重点。为此，我们撰写了《法治建设新天地》一书，作为“改革开放与新时代”研究丛书之一。本书是教育部高等学校社会科学发展研究中心 2017 年度中央级公益性科研院所基本科研业务费专项资金资助项目“法治建设新天地”课题的最终成果。

由于水平所限，书中难免存在不足之处，敬请读者批评指正。

王群瑛

2018 年 12 月

图书在版编目（CIP）数据

法治建设新天地/王群瑛著．—北京：中国人民大学出版社，2019.5
（“改革开放与新时代”研究丛书）
ISBN 978-7-300-26386-1

Ⅰ.①法… Ⅱ.①王… Ⅲ.①社会主义法制-建设-研究-中国 Ⅳ.①D920.0

中国版本图书馆 CIP 数据核字（2018）第 247346 号

“改革开放与新时代”研究丛书
法治建设新天地
王群瑛　著

出版发行	中国人民大学出版社		
社　　址	北京中关村大街 31 号	**邮政编码**	100080
电　　话	010－62511242（总编室）		010－62511770（质管部）
	010－82501766（邮购部）		010－62514148（门市部）
	010－62515195（发行公司）		010－62515275（盗版举报）
网　　址	http://www.crup.com.cn		
经　　销	新华书店		
印　　刷	固安县铭成印刷有限公司		
开　　本	720mm×1000mm　1/16	**版　　次**	2019 年 5 月第 1 版
印　　张	10.75 插页 1	**印　　次**	2024 年 8 月第 2 次印刷
字　　数	156 000	**定　　价**	79.00 元